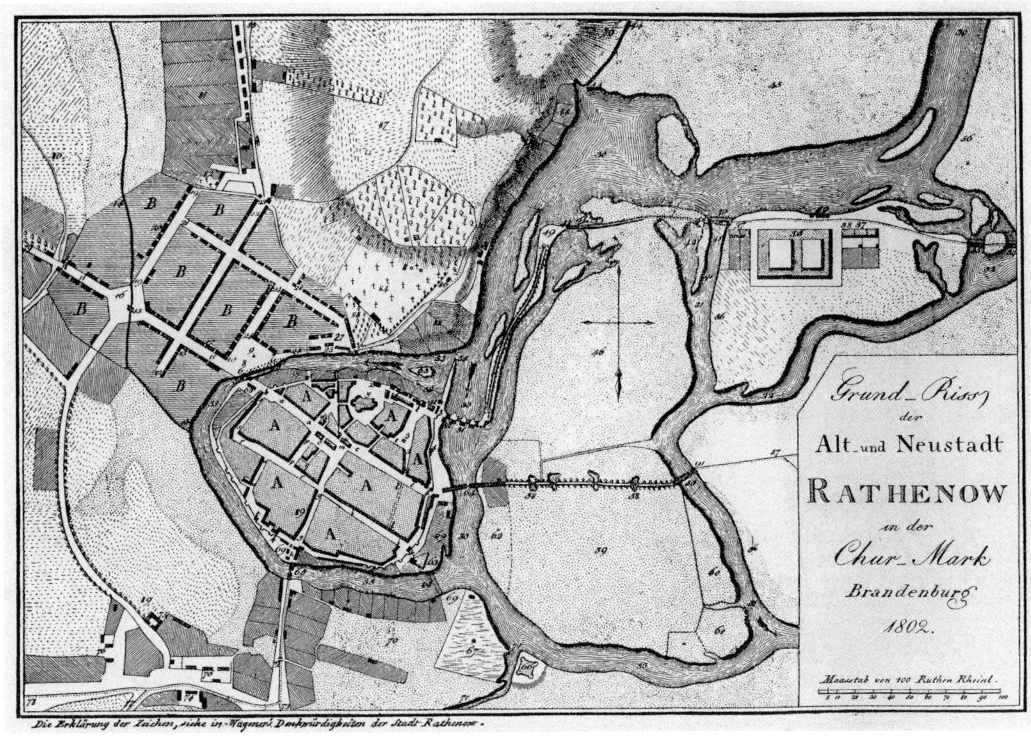

Plan der Stadt Rathenow (Altstadt und Neustadt) von 1802 aus Denkwürdigkeiten der Churmärkischen Stadt Rathenow, Berlin 1803. Samuel Christoph Wagener.

Über die Autorinnen

Dr. Bettina Götze, Jahrgang 1957, ist Historikerin, Museologin und Geschäftsführerin der Kulturzentrum Rathenow GmbH, zu der das Optik Industrie Museum gehört. In den über 30 Jahren ihrer Museumstätigkeit in Rathenow forschte und publizierte sie zu verschiedenen Themen der Regionalgeschichte, zu denen sie zahlreiche Ausstellungen organisierte.

Sylvia Wetzel, Jahrgang 1965, ist Lehrerin und Mitarbeiterin der Kulturzentrum Rathenow GmbH. Sie ist verantwortlich für Presse- und Öffentlichkeitsarbeit, Fotoredaktion sowie mitverantwortlich für Ausstellungen und Sonderschauen. Seit Beginn ihrer Tätigkeit in der Kulturzentrum Rathenow GmbH 2004 wirkt sie an vielen regionalgeschichtlichen Publikationen mit.

Rathenow

Eine historische Bilderreise

Sankt-Marien-Andreas-Kirche.

Bettina Götze und Sylvia Wetzel

Rathenow

Eine historische Bilderreise

SUTTON

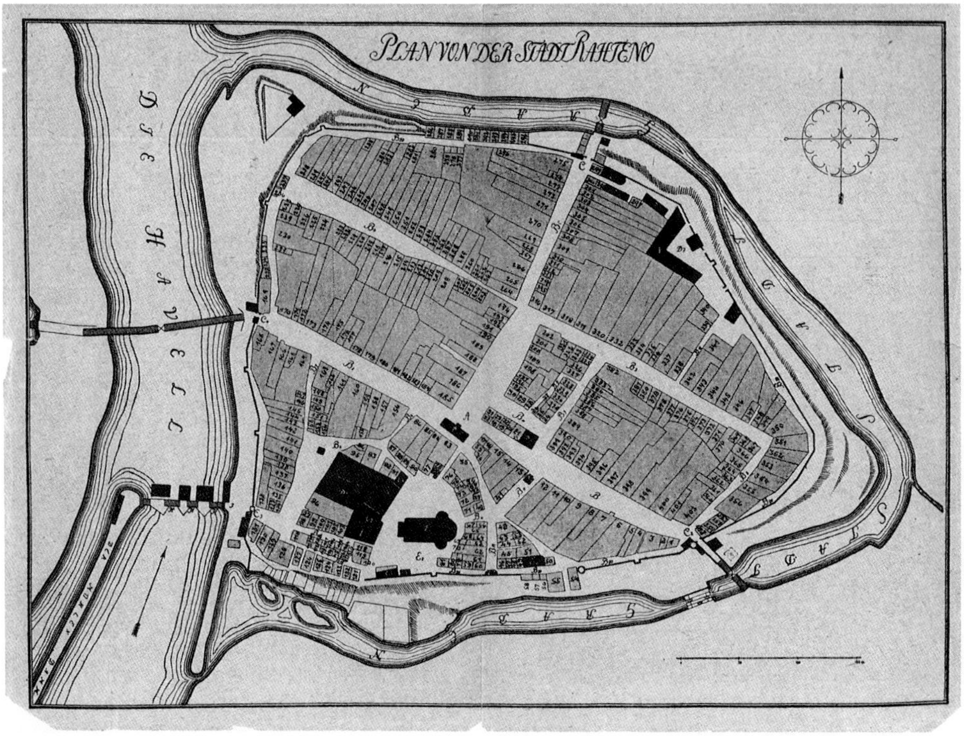

Plan der Rathenower Altstadt mit fortlaufender Nummerierung der Häuser.

Einband vorn: Blick über die Havel zum Haveltor und zur Kirche.
Vorsatz: Gesamtansicht, Kupferstich Matthäus Merian, 1652, 12x35 cm.
Seite 5: Blick über die Stadt Rathenow, Luftaufnahme aus dem Jahr 2019.
Nachsatz: Prospect von Rathenow, 1740.
Einband hinten: Notgeld der Stadt Rathenow, Serie „Optik", entworfen 1921 vom Rathenower Künstler Willi Horsa Lippert.

Sutton Verlag GmbH
Arnstädter Straße 8
99096 Erfurt
www.suttonverlag.de
ISBN: 978-3-96303-246-2

2. Auftlage, 2021
Druck: Florjančič Tisk d.o.o. / Slowenien
Gestaltung und Herstellung: Sutton Verlag
Lektorat: Una Giesecke

In diesem Buch wird aus Gründen der besseren Lesbarkeit das generische Maskulinum verwendet. Weibliche und anderweitige Geschlechteridentitäten werden dabei ausdrücklich mitgemeint, soweit es für die Aussage erforderlich ist.

Inhalt

Einleitung

Die Anfänge der Stadt Rathenow gehen bis in das 12. Jahrhundert zurück. Die Ersterwähnung ist für das Jahr 1216 belegt. Die Urkunde des Bischofs von Brandenburg Siegfried II. vom 28. Dezember 1216 bezeichnet mit „Ratenowe" jene Burgstelle, die den Übergang der Straße von Tangermünde und Havelberg nach Brandenburg über die Havel schützte. Unmittelbarer Vorgänger der Stadt war ein am westlichen Ufer gelegener spätslawischer Burgwall mit dem Flurnamen „Alt-Rathenow". Nachdem Albrecht der Bär 1134 mit der Nordmark belehnt worden war, zu dessen Territorien das Havelland gehörte, ließen sich deutsche Siedler hier nieder. Kern der im 12. Jahrhundert angelegten Siedlung war nun das Gebiet um die 1190–1200 im Bau begonnene Sankt-Marien-Andreas-Kirche. Nach Westen dehnte sich die Siedlung bis zum Mühlenplatz aus, der auch der älteste Marktplatz der Stadt war. Diese Siedlung wurde im 13. Jahrhundert planmäßig nach Norden und Osten erweitert.

1288 wurde Rathenow erstmals als Stadt bezeichnet. Die dem Stadtschulzen in diesem Jahr verliehene Gerichtsbarkeit bildete eine wichtige Voraussetzung für die städtische Entfaltung. Ihre Erhebung zur Stadt erfolgte 1295, als die Markgrafen den Rathenowern das Brandenburger Stadtrecht gewährten. Sie überließen der Stadt die landesherrliche Burg zum Abbruch und veranlassten, die Steine den Bürgern zu übergeben. Der Standort der Burg wird an der Kreuzung Große/Kleine Burgstraße/Baderstraße vermutet. Der 1288 erstmals erwähnte Stadtgraben und die Fertigstellung der Stadtmauer nach 1295 vollendeten die Befestigung. Sie hatte vier Tore: Havel-, Mühlen-, Jederitzer und Steintor. Die Stadt übernahm damit die Schutzfunktion der abgebrochenen landesherrlichen Burg.

Mehrere Schenkungen und Gebietsübertragungen vergrößerten die städtische Gemarkung. So wurde 1294 das nördlich gelegene Dorf Jederitz übergeben. 1319 erhielt Rathenow den südöstlich gelegenen Hof Rodenwalde mit den zugehörigen Wald-, Wiesen- und Ackerflächen. Ab 1284 war den Stadtbewohnern erlaubt, ihre Häuser mit Lauben zu versehen und diese als Verkaufsraum oder Werkstatt zu nutzen. Ebenfalls der wirtschaftlichen Entfaltung diente das 1319 bestätigte Münzrecht. Ausgelöst durch den Tod des Markgrafen Waldemar, prägten Unsicherheiten, kriegerische Auseinandersetzungen und Fehden, die der städtischen Entwicklung abträglich waren, das 14. Jahrhundert. Erst im darauffolgenden Jahrhundert unter Kurfürst Friedrich II. setzte ein Prozess wirtschaftlicher Stabilisierung ein. 1446 erhielt der Magistrat das Privileg des Salzverkaufs für das Stadtgebiet, eine wichtige Einnahme. 1536 kam das Recht hinzu, von jedem in die Stadt einfahrenden Fuhrwerk Zoll und für die Nutzung der Brücken Brückenzoll zu erheben. Mit zunehmendem Handelsverkehr wuchs die Bedeutung der Havel. 1561 wurde mit dem Bau der Kesselschleuse eine weitere Einnahmequelle erschlossen. Den Schleusenzoll teilten sich Landesherr und Stadt.

Dieser bescheidene Wohlstand führte dazu, dass ein Teil der städtischen Einnahmen für die Erweiterung der Kirche und für den Bau des Rathauses um 1564 genutzt wurde. Es stand an der Südseite des damaligen Marktplatzes. Der Umbau der Sankt-Marien-Andreas-Kirche zu einer gotischen Hallenkirche fiel in eine turbulente Zeit, begann doch 1517 die Reformation. Die mit dem Sammeln von Geldern für den Umbau beauftragten Mönche hatten nur wenig Erfolg, sodass der Umbau bis 1580 dauerte. Trotz wiederkehrender verheerender Brände und Hochwasserkatastrophen war die Stadt gegen Ende des 16. Jahrhunderts zu einem gewissen Wohlstand gelangt. Die Einwohnerzahl betrug etwa 2.500.

Der Dreißigjährige Krieg hingegen verursachte mehrere schwerwiegende Belagerungen und Verwüstungen. 1648 lebten lediglich noch etwa 40 Bürger in Rathenow. Die folgende Zeit war von Aufbau und wirtschaftlicher Erholung geprägt. 1650 wurde Rathenow eine Station von Postrouten. 1675 jagte der Große Kurfürst die Schweden aus der Stadt und besiegte sie in der anschließenden Schlacht von Fehrbellin endgültig. Daran erinnert das von J.G. Glume zwischen 1736 und 1738 geschaffene Sandsteindenkmal auf dem Schleusenplatz. 1732 war die Stadtschleuse gebaut worden.

Bereits seit 1679 war Rathenow Garnisonstadt. Der Wohnraum war, bedingt durch die Einquartierungen des Militärs, knapp. Daher entsprach Friedrich Wilhelm I. der Bitte des Garnisonkommandanten, vor dem Steintor eine Neustadt zu errichten. 37 zweistöckige, 64 eingeschossige und sechs öffentliche Gebäude, darunter das Neustädtische Rathaus, wurden errichtet. Ab 1741 umgab die Neustadt eine Mauer mit dem Brandenburger und dem Berliner Tor. Sie diente als Zollmauer.

In der Zeit von 1765 bis 1767 entstand östlich der Stadt ein Dorf für Weber, die in der Tuchmanufaktur arbeiten sollten. Neufriedrichsdorf, wie es später genannt wurde, war bis 1948 eine selbstständige Gemeinde. Erwähnenswert ist die Errichtung des größten preußischen Proviantmagazins in den Jahren 1786 bis 1789. Dies bereits auf Steckelsdorfer Gemarkung stehende Gebäude fiel 1891 einem Brand durch Blitzeinschlag zum Opfer. Das 19. Jahrhundert begann für Rathenow wie für ganz Preußen mit der Niederlage gegen Frankreich 1806. Einquartierungen und Truppendurchzüge belasteten das städtische Leben.

Im März 1801 hatte der Pfarrer Johann Heinrich August Duncker gemeinsam mit dem Garnisonpfarrer Samuel Christoph Wagener eine optische Anstalt gegründet. Diese überstand die Zeit der französischen Besatzung und bildete den Grundstock für das Aufblühen der Stadt im 19. Jahrhundert. Die Einwohnerzahl stieg von etwa 4.000 im Jahr 1800 auf rund 8.100 im Jahr 1871 und auf an die 21.000 im Jahr 1900. 163 optische Unternehmen unterschiedlichster Größe bestimmten am Ende des 19. Jahrhunderts das Stadtbild und erforderten weitere notwendige Baumaßnahmen. Dreizehn neue Straßenzüge wurden angelegt und mit zwei- bis viergeschossigen Häusern bebaut. Aus roten Rathenower Ziegeln errichtet, prägen sie noch heute das Stadtbild.

Mehr als 300 Arbeitskräfte waren saisonal in der Ziegelindustrie beschäftigt. 1854 wurde eine neue Schule errichtet. 1866 erfolgte der Bau der ersten Gasanstalt. 1871 wurde die Fernbahnverbindung von Berlin über Rathenow nach Hannover eröffnet. Das Hauptpostamt wurde 1883 erbaut. Zwei Jahre später konnte das neue Krankenhaus in Betrieb genommen werden, 1902 das

Wasser- und 1904 das Elektrizitätswerk und die Brandenburgische Städtebahn. Zwischen 1902 und 1906 entstanden weitere Schulen. Die noch heute die Bahnhofstraße bestimmenden Kasernenbauten wurden zwischen 1887 und 1891 errichtet. Das Kreishaus, ein neugotischer Bau aus Rathenower Ziegeln, Sitz der Verwaltung des Kreises Westhavelland, wurde 1895 eingeweiht. Zwei größere Sakralbauprojekte waren die Errichtung der katholischen Sankt-Georgs-Kirche (1891–92) und der Auferstehungskirche auf dem Weinbergfriedhof im Jahre 1917.

Die positive wirtschaftliche Entwicklung führte dazu, dass Rathenows Einwohnerzahl beständig anstieg, 25.000 waren es 1925, und die Stadt aus dem Kreis Westhavelland austrat. Sie bildete bis 1950 einen eigenen Stadtkreis. Infolgedessen wurden verschiedene Bauträger aktiv und errichteten eine Reihe von Wohnanlagen und Siedlungen an den Stadträndern.

Hervorzuheben ist die 1928 begonnene Bebauung des Friedrich-Ebert-Ringes mit der sogenannten Friedrich-Ebert-Siedlung nach Entwürfen von Otto Haesler. Sie steht exemplarisch für das Neue Bauen in den 1920er-Jahren. Nach den schweren Zerstörungen von Teilen der Alt- und Neustadt Rathenows am Ende des Zweiten Weltkrieges war es vordringlich, neuen Wohnraum zu schaffen. So erhielt erneut Otto Haesler 1946/47 den Auftrag, für die Altstadt ein neues Bebauungskonzept zu entwickeln. Rigoros sollte mit den historisch überkommenen Strukturen gebrochen werden. Ein Leitbild der Planung war „die gegliederte und aufgelockerte Stadt". So schuf Haesler die großdimensionierte Bebauung um den Platz der Jugend. Drei- bis viergeschossige Wohnzeilen mit integrierten Läden entstanden. Diese erste Etappe des Aufbaus wurde jedoch nicht vollendet.

In einer zweiten Phase ging es um den Aufbau und die Umgestaltung entlang der Berliner Straße. Hier wurden zwischen 1956 und 1962 viergeschossige Wohnblöcke mit Balkons und Erdgeschossläden erstellt. Diese Magistrale entwickelte sich zur Hauptgeschäftsstraße Rathenows. Als ein markanter Solitärbau kam das 1958 eingeweihte Kulturhaus der Architekten Wilfried Brennecke und Martin Buchsteiner hinzu. Damit verlagerte sich das Zentrum um den Altstadtkern hin zum Gebiet um das Kaufhaus und das Kulturhaus.

Ab 1969 wurde am östlichen Stadtrand der neue Stadtteil Rathenow-Ost in Plattenbauweise, einer Variante des Standardtyps WBS 70, für etwa 8.000 Einwohner errichtet. Hinzu kamen verschiedene Dienstleistungseinrichtungen. Mit weiteren Bauten an der Goethe- und der Berliner Straße (damals Wilhelm-Pieck-Straße) fand die innerstädtische Bebauung 1989 ihren Abschluss. Seit den 1990er-Jahren wurden trotz sinkender Einwohnerzahl Siedlungsflächen für Einfamilienhäuser erschlossen und Plattenbauten in Rathenow-Ost rückgebaut. Das innerstädtische Wohnen wurde durch Sanierung und Neubau aufgewertet.

Für ein besseres Verständnis bezüglich der örtlichen Orientierung wurden da, wo es geeignet erschien, die aktuellen Straßennamen verwendet.

Bettina Götze

1

Die Altstadt

Blick zum Altstädtischen Rathaus und zur Sankt-Marien-Andreas-Kirche. Neben der Kirche bildete das Rathaus den gesellschaftlichen Mittelpunkt der Stadt. Dessen repräsentativer Bau stammte aus dem Jahr 1564. Zum Zeitpunkt der Aufnahme war das Amtsgericht im Rathaus untergebracht. 1856 wurde es aufgestockt, der Turm 1865 abgerissen.

Das größte Proviantmagazin der preußischen Armee wurde zwischen 1786 und 1789 auf der Magazininsel errichtet. Das Grundstück gehörte bereits zum Herzogtum Magdeburg. 1886/87 wurden Teile der Gebäude abgerissen und als Material für den Bau der Zietenkasernen genutzt. Am 3. August 1891 vom Blitz getroffen, brannte das Magazin nieder.

Blick vom Trompeterberg zum königlichen Proviantmagazin. Der Rathenower Weinberg ist ein eiszeitlicher Stauchmoränenrest der Schollener Randlage mit einer Höhe von 57 Metern NN. Im Vordergrund ist das Dampfsägewerk von Heidepriem zu sehen.

An der Brücke zum Proviantmagazin. Die Aufnahme entstand am 5. April 1887. Nach Fertigstellung des Proviantmagazins 1790 pflanzte man auf der Südseite der Magazininsel Maulbeerbäume, um eine Seidenraupenzucht aufzubauen. Dieses Projekt scheiterte, einige alte Maulbeerbäume stehen heute noch.

Für den Bau des Proviantmagazins wurde der Steckelsdorfer Acker „Kiezhügel" angekauft. Die Verhandlungen zum Kauf soll Friedrich II. selbst geführt haben. Die Kosten des Bauprojekts beliefen sich auf etwa 120.000 Reichstaler. Die Lagerkapazität betrug im Normalfall 22.500 Tonnen Getreide und konnte auf 26.400 Tonnen gesteigert werden.

Pferdeschwemme an der Havel. Hier badeten Husaren und Rathenower Bürger ihre Pferde. Im Hintergrund sind die Wassermühlen zu sehen. Diese hatte 1335 Markgraf Ludwig der Stadt gegen Zahlung einer Pacht überlassen. 1512 erneuerte der Kurfürst den Vertrag zum Betreiben der Mühlen.

Vor dem Mühlentor. Das Bild zeigt die Rückseite der Wassermühlen, die Mitte der 1990er-Jahre abbrannten.

Die Lange Brücke. Diese Brücke, von Westen in die Stadt kommend, war bis 1910 noch eine Holzbrücke. Zur Verbesserung des Hochwasserschutzes wurde um 1843 das Gelände vor dem Haveltor und dem Mühlentor verbreitert und erhöht.

Blick aus der Havelstraße zur Dampfmühle. In dem Haus rechts, Havelstraße 17, wohnte Maximilian Hobrecht (1827–99). Er war 32 Jahre lang Mitglied der Stadtverordnetenversammlung, 22 Jahre lang davon hatte er das Amt des Vorsitzenden inne. Hobrecht prägte als Unternehmer und Lokalpolitiker wesentlich die Geschicke der Stadt mit. Er betätigte sich außerdem als Dichter und Schriftsteller.

Am Ende der Havelstraße entstand nach 1730 das Haveltor. Der alte Torturm, der zur mittelalterlichen Stadtbefestigung gehört hatte, war zuvor abgerissen worden. Die beiden schlichten Torpfeiler mit Vasenaufsätzen wurden 1807 errichtet. Der Abriss erfolgte erst 1964.

Das Lichtspielhaus „Biograph-Theater" wurde 1908 gegründet. Von 1932 bis zum Anfang der 1950er-Jahre wurde es unter dem Namen „Bellevue-Lichtspiele" betrieben. Es war das einzige Kino in Rathenow, das während des Zweiten Weltkrieges nicht zerstört wurde. Der Platz vor dem Haveltor diente auch als Anlegestelle für Lastkähne und -dampfer.

Die Havelstraße um 1900. Sie gehört zu den ältesten Straßen der Stadt und diente als Ausfallstraße nach Westen. Neben der Leder-Handlung von Gustav Ballhausen in der Nummer 1 befand sich die Tuch- und Modewaren-Handlung von Albert Riedel in der Nummer 2.

Die Havelstraße 30/Ecke Mühlenstraße. Diese Aufnahme stammt von 1890. Hier befand sich Adolf Conrads Gasthof „Zur goldenen Krone". Das Gebäude diente zudem als erste Postanstalt der Stadt. Weil sich die Postmeister um das Finden geeigneter Räumlichkeiten selbst kümmern mussten, wechselte der Standort der Postanstalt des Öfteren. Der Name der Gaststätte blieb trotz der Besitzerwechsel bis zur Zerstörung im Zweiten Weltkrieg erhalten.

Die Havelstraße war eine wichtige Geschäftsstraße der Altstadt. Das Eckhaus am Markt/Ecke Havelstraße stammt aus dem 18. Jahrhundert. Zur Zeit der Aufnahme von 1900 gehörte es Ferdinand Brohm. Später war Felix Strehlow mit seinem Materialwarengeschäft hier ansässig.

Blick vom Markt in die Marktstraße zur Salzstraße. Auch wenn die Marktstraße nur kurz war, so befanden sich hier doch viele Läden. Ob Kürschnermeister Schladitz, Friseur Brose, die Fahrradhandlungen von Meyer und Schweizer, Kotschis Schuhmacherwerkstatt, Hut-Pfeiffer, Flachsbarts Papier- und Lederwaren oder Blumenhaus Flora, sie alle hatten an der Marktstraße ihre Geschäftsadresse.

Blick vom Mühlenplatz zur Fischerstraße um 1880. Der erste Marktplatz der Stadt im 13. Jahrhundert war der Mühlenplatz. Von dort kam man einst durch das Mühlentor über den Mühlendamm zu den Wassermühlen. Die Friedenslinde am Mühlenplatz wurde nach dem Deutsch-Französischen Krieg gepflanzt. Sie überstand den Zweiten Weltkrieg und blieb bis heute unangetastet.

Der Markt, hier auf einer um 1900 entstandenen Aufnahme mit Blick von Süden in Richtung Jederitzer Straße, war unregelmäßig angelegt. Auf dem seit 1714 gepflasterten Platz wurden Wochen- und Jahrmärkte abgehalten. Das bunte, rege Treiben zog an den Markttagen nicht nur Rathenower, sondern auch Bürger aus dem Umland an.

Der Seitenbeutel war eine Gasse, schmal wie ein Handtuch, welche die Salz- mit der Marktstraße verband. Angelegt als Sackgasse, erhielt der Seitenbeutel später den Durchstich zur Salzstraße und 1718 eine Pflasterung. Schmiedemeister Stielke steht hier in Positur vor seiner Werkstatt.

Ecke Große Baustraße/Markt um 1890. Weit im Hintergrund ist die Sankt-Marien-Andreas-Kirche zu erkennen. Davor steht das Altstädtische Rathaus. Der Straßenname Große Baustraße soll vom Ackerbau hergeleitet worden sein, denn hier wohnten besonders viele Ackerbürger.

Marktstraße 1/Ecke Salzstraße. Hier befand sich zum Zeitpunkt der Aufnahme eine Wollwaren- und Leinenhandlung sowie eine Strumpfstrickerei, Eigentümer war W. Geue. Der spätere Besitzer, E. Schnapper, erweiterte das Angebot um eine Dampfbügelanstalt und eine Annahmestelle für chemisches Reinigen, Färben, Plissieren und Kunststopfen.

Die Steinstraße um 1890. Rechts zweigt die breite Große Kirchstraße ab. In einem kommunalen Gebäude an deren Anfang befand sich die städtische Waage, auch Ratswaage genannt.

In der Steinstraße. Rechts befand sich der Schinkenplatz. Dieser hatte seinen Namen vom Fleischscharren, der dort war. Gegenüber von Haus Nr. 16 ist eine Pumpe zu sehen. Ab 1902 gab es in Rathenow Hauswasserleitungen, die Aufnahme ist früheren Datums. Das Haus am Schinkenplatz, Steinstraße 17, (Bildmitte) das Geburtshaus von Joachim Christian Blum (1739–1790), der ein bekannter Dichter seiner Zeit war.

Die Steinstraße um 1890. Blickte man stadteinwärts nach Osten, so war links im Hintergrund das Hotel „Großer Kurfürst" gut zu erkennen. Die Altstädtische Apotheke, ehemals im Haus Nummer 400, war noch nicht vergrößert und umgebaut. Die Kinder links im Vordergrund posierten für den Fotografen unter einer Linde, die auf dem Schinkenplatz stand.

Die Altstädtische Apotheke um 1890. Ihr erster Apotheker war Martinius Wildener, einer der Rathenower Ratsherren. Er erhielt das Privileg zum Führen der Apotheke am 27. Januar 1612 von Kurfürst Johann Sigismund. Die Apotheke wechselte mehrfach Besitzer und Standort, bis der Apotheker Peter Schönermark 1770 das Haus in der damaligen Steinstraße 5 erwarb und die Apotheke an ihren heutigen Standort verlegte.

Die Steinstraße hat ihren Namen daher, dass sie als erste in der Altstadt eine Steinpflasterung erhielt. Diese Hauptgeschäftsstraße war vom Einzelhandel und Dienstleistungsgewerbe geprägt.

Blick von der Havelstraße zum Altstädtischen Rathaus. Die Aufnahme entstand um 1910. Rechts ging es in die Jüdenstraße. An der Ecke vor der Einfahrt hatte in der Havelstraße 22 die Baustoff-Großhandlung E. Hohenstein & Co. ihren Sitz. Im Eckhaus Havelstraße 23 befand sich die Gastwirtschaft „Altstädtische Bierhalle".

Ein Blick aus westlicher Richtung über den zugefrorenen Stadtkanal zur Sankt-Marien-Andreas-Kirche. Diese wurde um 1220 im spätromanischen Stil auf dem höchsten Punkt der Altstadt errichtet und im 16. Jahrhundert zu einer dreischiffigen Hallenkirche umgestaltet. Nach schweren Zerstörungen im Zweiten Weltkrieg wurde das Wahrzeichen der Stadt wiederaufgebaut.

Blick zur Kirche, zum Kirchgang und Kirchplatz. Die beiden Häuser in der Mitte am Kirchplatz sind die alte Lateinschule in der Nummer 16 und die Neue Schule in der Nummer 17, die als Erweiterung errichtet wurde. Von 1854 bis 1890 befand sich im Gebäude der Neuen Schule die Garnisonsattlerei der Zietenhusaren. Beide Häuser haben den Krieg überstanden und wurden denkmalgerecht saniert.

Der Kirchgang ist eine der ältesten Straßen der Altstadt. Er wurde schon früh erwähnt und bereits 1711 für 77 Taler gepflastert. Der Volksmund nannte ihn „Kegelbahn" wegen der mittig angelegten Schmutzwasserablaufrinnen.

Häuser am Kirchplatz. Von den ursprünglichen Wohngebäuden, die direkt um die Kirche standen, wurden im Zweiten Weltkrieg drei zerstört. Sorgfältig restauriert, laden die übrigen heute zum Verweilen ein und bilden ein malerisches, romantisches Ensemble auf dem Kirchberg.

Vom Kirchplatz zur Mühlenstraße führte die kleine Fischerstraße. Deren namensgebende Anwohner hatten ihr Gewerbe an der Havel. Ganz links sieht man das Haus Kirchplatz 13. Dort lebte früher der Kurrendeführer. Das Gebäude rechts neben dem Eingang zur Fischerstraße, Kirchplatz 12, ist das Geburtshaus Johann Heinrich August Dunckers, des Begründers der deutschen optischen Industrie.

Am Kirchplatz. Vom begrünten Duncker-Geburtshaus blickt man zum Haus des Superintendenten. Am Kirchplatz 10 wohnte während seiner Dienstzeit von 1902 bis 1922 Waldemar Ettel (1860–1933).

Im südlichen Abschnitt der Stadtmauer befand sich ein gesonderter Zugang, die Wasserpforte. Diese stand im Zusammenhang mit dem privilegierten Anwesen Freier Hof. Sowohl die Wasserpforte als auch die Petersburg dienten einst der Wasserversorgung der Anwohner vom Kirchberg bis zum Freien Hof. 1736 wurden neuartige Holzpumpen gebaut. Ab 1887 folgte die Kanalisation.

Freier Hof. Die Bezeichnung dieser Straße ist wahrscheinlich auf ein Gut innerhalb der Stadtmauern zurückzuführen. Markgraf Friedrich übertrug es 1451 seinem Getreuen Heinrich Dequede als Lehen. Es ist zu vermuten, dass sich noch vor der Stadtgründung hier der älteste Sitz des Landesherrn befunden hatte. Die Straße wurde 1715 mit Steinpflaster versehen.

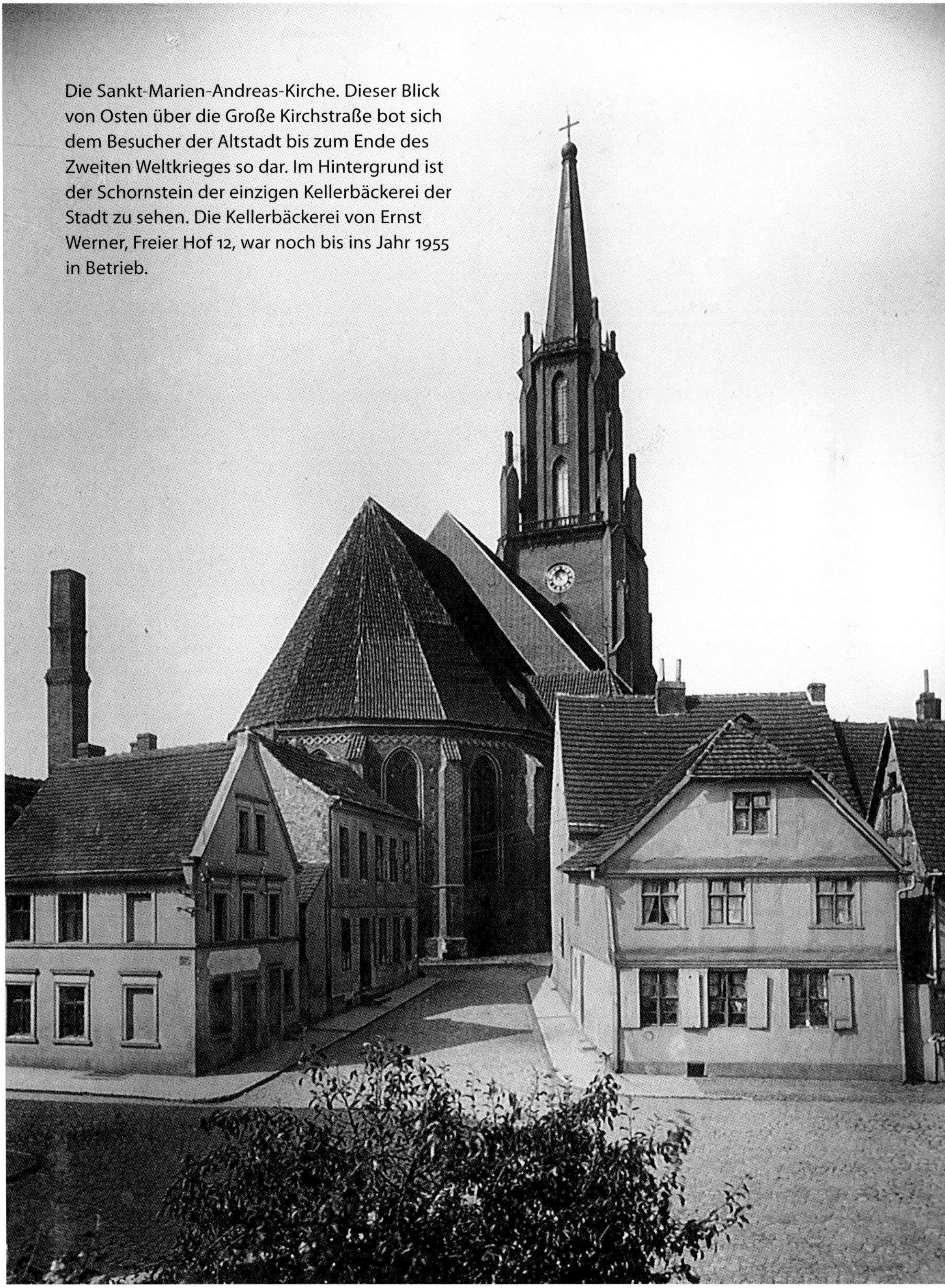

Die Sankt-Marien-Andreas-Kirche. Dieser Blick von Osten über die Große Kirchstraße bot sich dem Besucher der Altstadt bis zum Ende des Zweiten Weltkrieges so dar. Im Hintergrund ist der Schornstein der einzigen Kellerbäckerei der Stadt zu sehen. Die Kellerbäckerei von Ernst Werner, Freier Hof 12, war noch bis ins Jahr 1955 in Betrieb.

Das Innere der Sankt-Marien-Andreas-Kirche stellt sich als eine geräumige Halle mit reich profilierten Arkaden auf Rundpfeilern und zugehörigen Wandpfeilern dar, die ansteigende Spiralbänder aus glasierten Ziegeln schmücken. Der gotisch anmutende Altar wurde 1888 geweiht.

Seit 1709 besaß die Kirche eine Kanzel im Barockstil von Johann Vorberg. Er schnitzte sie in jenem Jahr vermutlich als Kopie der Kanzel in Neuendorf am Damm. Die Rathenower Kanzel zeigt ein gereiftes Meisterwerk des Künstlers. Durch den Kirchenbrand 1945 wurde es ein Opfer des einstürzenden Daches.

Häuser am Kirchplatz 19 bis 21. Um die Kirche herum entwickelte sich auf einem der am frühesten besiedelten Areale der Stadt ringförmig eine Siedlung.

Das Nosokomium am Kirchplatz 18 wurde 1609 von der Stadt auf dem Rathenower Kirchberg erbaut und diente als Armen-, Siechen- und Pesthaus. Fromme Frauen widmeten sich dort der Kranken- und Armenfürsorge. Es hieß zeitweilig Beguinenhaus, als es die Beguinen, Insassinnen des ehemaligen Gertraudenhospitals, nach dessen Brand beherbergte.

Noch weit bis in die Mitte des 20. Jahrhunderts war es üblich, dass Kartoffeln oder auch Kohlen mit dem Pferdefuhrwerk angeliefert wurden. Die Aufnahme entstand in Blickrichtung Große Kirchstraße und Freier Hof. Das Haus am linken Bildrand, Freier Hof 12, ist die „Feinbäckerei von Ernst Werner".

Blick um 1900 vom Kirchturm über die Altstadt mit der Steinstraße. Das markante Eckgebäude Stein-/ Große Kirchstraße war ein Wohn- und Geschäftshaus. Vormals standen hier Fachwerkhäuser. Vorn rechts ist die Einfahrt zur Wasserpforte zu sehen.

Die Schleusenbrücke. Mit dem Bau der Neustadt wurde 1733 die Schleuse an diese Stelle verlegt. Links direkt daran befindlich ist das Kaufhaus Paeger zu sehen. Es wurde im Jahr 1900 als Geschäftshaus errichtet.

Die Gärtnerei und Samenhandlung von Carl Baatz. Dieses Foto des Geschäftshauses wurde im Sommer 1896 aufgenommen. Zwei Jahre zuvor hatte der Graveur Franz Kießling in diesem Haus seine Geschäftsräume eingerichtet. Bereits 1896 verlegte er aber seine Werkstatt in die Fehrbelliner Straße. Kurz nach dem Auszug Kießlings entstand diese Aufnahme.

Die Altstädtische Gemeindeschule. Wendete man den Blick nach rechts über die Steinstraße hinweg, sah man die Schule, die nach dem Standort in der Großen Baustraße auch „Bauschule" genannt wurde. Sie wurde 1902 aus Rathenower Ziegeln errichtet. Aus dieser Zeit stammt die Aufnahme.

Blick auf die ehemalige Schiffswerft von Adolf Todt am Stadtkanal und die Stadtziegelei (im Hintergrund) östlich davon.
Die Werft bestand dort mindestens seit 1793.
Der letzte Betreiber, Adolf Todt, gab 1887 auf. Die Stadtziegelei arbeitete bis 1902 und wurde aufgegeben, als die Tonvorkommen erschöpft waren.

Das Jederitzer Tor bildete den nördlichen Stadtausgang. Der Blick nach Norden zeigt, wie imposant dieser Bau in Form eines Triumphbogens mit hohem attikaartigem Aufsatzkörper von 1722 einst wirkte. 1886 wurde das Tor als „Verkehrshindernis" abgetragen. Die Steine sollten aufbewahrt werden, sind aber seither verschollen.

Die Jederitzer Brücke um 1900. Bis die neue Schleuse gebaut wurde, passierten fast 6.000 Schiffe die Brücke, die zunächst als Klappbrücke und 1912 als Hubbrücke umgebaut wurde. Die Fahrbahn wurde durch Ketten mittels Motorgetriebe gehoben. Es gab immer wieder Probleme mit gerissenen Ketten. Bereits 1924 wurde die Brücke in der Zeitung als „Schmerzenskind der Stadt" bezeichnet.

An der Jederitzer Brücke. Das prächtige gründerzeitliche Gebäude an der Rhinower Straße gehörte den Gebrüdern Wodke, Eigentümer eines Sägewerks und Baugeschäfts, die es als Wohn- und Geschäftshaus nutzten.

Blick von Norden über die Brücke in die Jederitzer Straße. Der Riss der Kette verursachte eine Hoch- und Schieflage der Brücke. Die Aufnahme stammt aus dem Jahr 1914 vor der Reparatur des Schadens.

Blick von der Jederitzer Brücke in Richtung Stadthof zur Steinmetzfirma Gnotke im Oktober 1886. Der die Altstadt umfließende Schleusenkanal hieß früher Stadtgraben oder auch fossatum ipsius civitatis und gehörte zur mittelalterlichen Stadtbefestigung.

Vor der Jederitzer Brücke 1914. Den kleinen öffentlichen Weg von der Rhinower Straße zum Stadthof versperrte der Besitzer des Stadthofes 9a, der Fabrikant Eggert. Im Hintergrund auf der anderen Seite des Schleusenkanals befindet sich die Baderstraße in der Altstadt.

2

Die Neustadt und stadtbildprägende Bauten bis zur ersten Hälfte des 20. Jahrhunderts

Blick in die Berliner Straße in Richtung Osten. Links im Vordergrund, direkt an der Schleusenbrücke, befindet sich das Hotel „Großer Kurfürst", rechts steht das Neustädtische Rathaus mit offenen Laubengängen.

Im Zuge der Erbauung der barocken Neustadt wurde 1738 das von J.G. Glume ausgeführte Sandsteindenkmal des Kurfürsten Friedrich Wilhelm errichtet. Es erinnert an die erfolgreichen Schlachten der Jahre 1656 bei Warschau und 1675 bei Rathenow, Fehrbellin und Stralsund und stellt den Kurfürsten als römischen Triumphator dar.

Das Standbild des Großen Kurfürsten mit Blick zum Hotel „Großer Kurfürst". Eine der gepflegtesten Unterkünfte der Stadt wurde nach einem verheerenden Brand im Jahr 1868 noch stattlicher wiederaufgebaut. 1927 war eine teilweise Erneuerung des Kurfürstendenkmals notwendig, denn der Pirnaische Sandstein hatte im Laufe der zwei Jahrhunderte unter Witterungseinflüssen gelitten.

Auf dem Paradeplatz selbst wurden nicht nur Paraden abgehalten, auch der Weihnachtsmarkt fand hier statt. Der Platz war bis 1911 vollständig gepflastert. Das Winterbild stammt aus der Zeit nach dem Umbau des Neustädtischen Rathauses, da dessen Laubengänge bereits geschlossen sind.

Blick in die Schleusenstraße. Links im Vordergrund ist das Neustädtische Rathaus zu sehen. An der rechten Bildseite erkennt man das Haus der Druckerei Babenzien. Max Babenzien hatte 1882 von seinem Onkel Albert Haase die Buchdruckerei und Buchhandlung am Paradeplatz 4 übernommen. Dort wurde auch das „Kreisblatt für das Westhavelland" herausgegeben.

Hier am ehemaligen Paradeplatz steht links die Neustädtische Apotheke, ihr erster Betreiber hieß Georg Ulrich. Das Nachbarhaus gehörte Sattler- und Tapeziermeister Wilhelm Wetzel. Die Aufnahme entstand am 18. Dezember 1888.

Das Neustädtische Rathaus wurde 1735 mit einem offenen Laubengang erbaut. Zunächst diente es der Garnison als öffentliches Speisequartier. Im Erdgeschoss befand sich die Hauptwache. Das sogenannte Traiteurhaus, später Stadthaus und ab 1849 Neustädtisches Rathaus, war das erste Theaterlokal der Stadt Rathenow.

Das Realgymnasium mit Siegessäule. 1854 ursprünglich als Hauptschule gebaut, entwickelte sich diese um 1900 zu einer höheren Bürgerschule und später zum Realgymnasium. Das Denkmal im Vordergrund, eine Säule, deren Spitze ein preußischer Adler zierte, wurde 1876 geschaffen und auf dem Schulplatz aufgestellt. Es erinnerte an den Sieg Preußens über Frankreich am 2. September 1870 bei Sedan.

Das Frey-Haus in der Schleusenstraße 8. Nach dessen Fertigstellung wohnte hier der Kommandeur der zwei Schwadronen des Leibkarabinierregiments Graf Truchseß von Waldburg. Entsprechend einem Privileg aus dem Jahr 1762 war das Haus von Einquartierungen gegen eine Zahlung von monatlich 16 Groschen befreit. 1806 weilte Königin Luise hier.

Die höhere Töchterschule in der Schleusenstraße 11 war noch eine private Schule, als die Aufnahme am 20. September 1892 entstand. Ab 1896 übernahm die Stadt die Einrichtung.

Das Viktoria-Luise-Lyzeum. Dieser Schulneubau an der Schleusenstraße wurde 1913 fertiggestellt und seiner Bestimmung übergeben. Nach 1933 zog das Lyzeum in die ehemalige Pestalozzi-Schule am Friedrich-Ebert-Ring. Das Gebäude in der Schleusenstraße bezog die Stadtverwaltung. Heute beherbergt es die Oberschule „J.H.A. Duncker".

Blick in die Berliner Straße in Richtung Westen. Links am Bildrand steht das Neustädtische Rathaus. Gut zu sehen sind das Schleusenwärterhäuschen und die Schleusenbrücke.

Die Berliner Straße 1 bis 3 um 1900. Bevor das neue „Offizierscasino" eröffnet wurde, befand es sich in der Berliner Straße 2 (Mitte) mit Casinogarten dahinter. Das vergitterte Fenster im Gebäude rechts gehört zum Neustädtischen Rathaus in der Berliner Straße 1.

Das elegante Hotel „Deutsches Haus" in der Berliner Straße 24 mit Gast-, Logier- und Gesellschaftszimmern, zwei Sälen und einem schattigen Garten war lange Zeit das schönste Hotel in der Berliner Straße. Hier fand 1909 die Gründung des Havelländischen Heimatvereins statt. Ab 1937 führte der neue Besitzer in diesem Haus die Kurfürstenapotheke.

Die Rathenower Optische Industrie Anstalt. 1834 erwarb Eduard Duncker das Haus Berliner Straße 5, um es als Verwaltungs-, Produktions- und Wohnsitz der Familie zu nutzen. 29 Arbeiter begannen hier mit der Fertigung optischer Instrumente. Nach einem Brand 1913 wurde der gesamte Dachboden ausgebaut und für Firmenzwecke genutzt.

Hinter dem Verwaltungs- und Produktionsgebäude Berliner Straße 5 befand sich ein Garten nebst Gartenhaus der Familien Duncker und Busch. Links sitzt Eduard Duncker, der seit 1820 die Optische Anstalt führte. Ganz rechts sieht man Emil Busch, seinen Neffen, der ab 1845 die Geschicke des Unternehmens in seine Hände nahm.

Die Brandenburger Straße gehörte zur barocken Neustadt. Hier waren vorrangig eingeschossige Bauten errichtet worden. Am Ende in südlicher Richtung befand sich das 1741 gebaute Brandenburger Tor. Die letzten barocken Häuser wurden zu Beginn der 1980er-Jahre abgerissen. Die Aufnahme entstand um 1890.

Der 8. Mai 1880 war der Gründungstag der Rathenower Feuerwehr. Zu diesem Zeitpunkt gehörten schon 90 Herren zur Freiwilligen Feuerwehr. Bereits vor dem Zweiten Weltkrieg war die alte Feuerwache an der Zollmauer zu klein geworden und sollte neu gebaut werden. Doch noch bis 1951 beherbergte das Gebäude die Wehr.

In der Bergstraße 6 wurde 1856 das Heim des evangelischen Männer- und Jünglingsvereins erbaut. Bauherr war Wilhelm Eberling. 1909 wurde es umgebaut und vergrößert. Heute befindet sich hier das Jugendhaus „Oase" der evangelischen Kirchengemeinde.

Der Rathenower Schutzjude Pintus Levin, der ab 1760 Oberältester der Juden in Rathenow war, wurde zum Textillieferanten der preußischen Armee. Er erbaute 1764/65 in der Neustadt drei Häuser für seine Kanevas- und Barchentfabrik. Die Straße erhielt den Namen Fabrikenstraße. Die Aufnahme entstand um 1900.

1371 wurden erstmals jüdische Familien in Rathenow erwähnt. Dauerhaft konnten sich Juden hier ab 1691 niederlassen. Die Anlage des Friedhofes außerhalb der Stadt wurde ihnen im Februar 1699 genehmigt. Die Aufnahme der schönen Sandsteingrabmale stammt vom 5. Oktober 1928. In der Zeit des Nationalsozialismus wurde der Friedhof zerstört.

1926 kaufte die jüdische Gemeinde Rathenows das Haus Fabrikenstraße 2 und richtete dort ihre Synagoge ein. Am 5. September 1926 wurde sie eingeweiht. Die Aufnahme entstand im Oktober 1926. Im Zuge des Novemberpogroms von 1938 wurde die Rathenower Synagoge verwüstet und ihre Einrichtung zerstört. Die Gemeinde wurde gezwungen, sie zu verkaufen.

Das Haus in der Fabrikenstraße 12 erwarb Leutnant Graf Carl Friedrich Ludwig von Sparr. Er ließ an der Freitreppe ein schmiedeeisernes Geländer anbringen, das mit seinem Monogramm verziert war. Später, bis zur Enteignung durch die Nationalsozialisten 1933, war das Gebäude im Besitz der Freimaurerloge. Nach dem Zweiten Weltkrieg war es als „Stadtcasino" bekannt. Infolge eines Brands 1996 konnte das Haus nicht mehr betreten werden und wurde abgerissen.

Das Haus des Postdirektors Heinrich Kahle am Zietenplatz 1a bzw. 2 war ein repräsentatives Wohnhaus, das klassizistisch überbaut worden war. Mit der zweiten Erweiterung der Post musste auch dieses Gebäude weichen.

Das Kaiserliche Reichspostamt am Zietenplatz 1 wurde am 1. April 1883 seiner Bestimmung übergeben. Der Grundstückseigentümer, Malermeister Pein, hatte das Haus nach Plänen der Postverwaltung erbaut und vermietete es an diese. 1903 gingen Gebäude und Grundstück in den Besitz der Reichspost über.

1903 und 1904 errichtete man den ersten Post-Erweiterungsbau, 1929 und 1930 folgte die zweite Erweiterung. Zu diesem Zweck wurde das Grundstück Zietenplatz 3 von Konditormeister Hubert Anton dazugekauft. Das Haus musste weichen. Nach der Aufstellung des Rosenbergdenkmals 1906 entstanden die Grünanlagen.

Blick vom Zietenplatz und der Berliner Straße in Richtung Westen. Das rechte Haus mit dem markanten Giebel diente der Rathenower Zeitung als Sitz. Hier, in der Berliner Straße 20, wurden auch die Rathenower Adressbücher herausgegeben. Im Vordergrund rechts, am Zietenplatz 6, ist das Hotel „Reichspost" zu sehen.

Hier handelt es sich um die älteste fotografische Aufnahme der Berliner Straße, sie stammt aus dem Jahr 1868. Am Ende der Straße in östlicher Richtung ist das Berliner Tor zu erkennen. Es wurde im Zuge des Baus der Zollmauer um die Neustadt errichtet. Gut zu erkennen sind die noch wenig überbauten barocken Häuser.

Dieses repräsentative Gebäude aus Rathenower Ziegeln wurde 1892/93, als der Platz neu gestaltet wurde, als Bank- und Geschäftshaus errichtet. Es blieb als eines der wenigen Häuser am Ende des Zweiten Weltkrieges unzerstört. Das „Café Schilling" im Vordergrund rechts war das Spiellokal des am 4. April 1911 gegründeten Ersten Rathenower Schachvereins.

Blick vom Dach der Hauptpost über den Zietenplatz in die Berliner Straße zur Dresdner Bank und zum „Café Schilling". Rechts daneben steht das Schuhwarenhaus Wiedecke, weiter rechts das Apollo-Theater.

Blick aus der Mittelstraße auf das alte Landratsamt in der Berliner Straße 8. 1815 zog die Verwaltung des neu gegründeten Kreises Westhavelland in dieses repräsentative Gebäude ein. 80 Jahre später wurde das neue Kreishaus seiner Bestimmung übergeben. Das alte Landratsamt wurde im Krieg zerstört.

Das Postgebäude mit Postbussen. Am Zietenplatz befand sich eine der Haltestellen der Reichspostbusse, die zwischen Rathenow und den umliegenden Ortschaften verkehrten. Der Bus im Vordergrund befuhr die Strecke Rathenow–Nennhausen–Liepe.

Im Eckhaus Dunckerstraße 9/Derfflinger Straße mit dem weithin sichtbaren Zierturm wohnte über längere Zeit Friedrich Lange, der von 1879 bis 1906 Bürgermeister in Rathenow war. Nach dem Ende seiner Amtszeit zog er nach Berlin. Die Aufnahme entstand um 1910. Nach 1920 gehörte die Villa Karl Stegmann und beherbergte dessen Optische Industrieanstalt.

Blick von der Berliner Straße in die Dunckerstraße um 1910. Ganz links im Vordergrund ist die beliebte Konditorei mit Café von Max Smolinsky zu erkennen. Das markante Eckhaus mit dem Zwiebeltürmchen beherbergte erst ein Farben- und Chemikalien-Geschäft und war danach Sitz der Commerzbank.

1866 gründeten die Kaufleute Ernst Nitsche und August Günther ihre Altstädtische Optische Industrie Anstalt, die bald zum größten Hersteller für Brillengläser und -fassungen werden sollte. 1912 wurde unter Leitung des Architekten Walter das neue Verwaltungsgebäude der Optischen Firma Nitsche & Günther in der Dunckerstraße 4/5 errichtet.

Die Volksbank eGmbH in der Dunckerstraße 2. Die Gründung des Westhavelländischen Creditvereins eGmbH erfolgte am 21. September 1882. Damals befand sich die Bank noch in den Räumen über der Neustädtischen Apotheke am Paradeplatz 6. Den Standort Dunckerstraße 2 hatte die Bank von 1919 bis 1996. Die Aufnahme ist 1939/40 entstanden.

Ernst August Christian Georg von Hannover, Oberleutnant des Husaren-Regiments „von Zieten" (Brandenburgisches) Nr. 3, und Prinzessin Viktoria Luise, Tochter von Kaiser Wilhelm II., übersiedelten nach ihrer Hochzeit am 24. Mai 1913 nach Rathenow in die Dunckerstraße 10. Die Prinzenvilla mit zwölf Zimmern und Garten stand an der Ecke Duncker-/Derfflingerstraße.

Das Haus in der Moltkestraße 1 gehörte dem Fabrikbesitzer Hermann Duchrow. Dieser betrieb eine Optische Werkzeug- und Maschinenfabrik in der Ruppiner Straße 25. Die Aufnahme entstand um 1910.

Diese Aufnahme um 1894/95 zeigt das Kreishaus am Kaiser-Wilhelm-Platz nach seiner Fertigstellung. Noch zieren die Statuen Friedrich Wilhelms I. von Franz Rosse und Friedrich des Großen von Wilhelm Haverkamp nicht das Hauptportal. Die unscharf abgebildeten Personen verweisen auf die lange Belichtungszeit der Fotografie.

Vor dem 1896 fertiggestellten Kreishaus stand ab Oktober 1900 das Bronzedenkmal von Kaiser Wilhelm I., geschaffen von Franz Rosse. Es wurde im Zweiten Weltkrieg eingeschmolzen, die Rosette im Giebel über dem Eingangsportal des Kreishauses wurde am Ende des Krieges zerstört.

Der Pferdestall am Kreishaus entstand zur selben Zeit wie das vom Architekten Franz Schwechten entworfene Kreishaus. Der in märkischer Backsteingotik mit roten Ziegeln errichtete Bau bot Platz für Pferde und Kutschen des Landratsamtes sowie Wohnräume für Kutscher.

Blick in die Bürgermeister-Lange-Straße in Richtung Westen, 1889. Friedrich Lange (1844–1916) war von 1879 bis 1906 Bürgermeister in Rathenow. Die Straße ab Ecke Bahnhofstraße bis zum Waldschloss trug seinen Namen. Er wurde am 16. Juni 1906 für seine großen Verdienste zum Ehrenbürger ernannt.

Am 1. Februar 1871 wurde die Bahnstrecke Berlin–Rathenow–Hannover in Betrieb genommen. Das imposante Bahnhofsgebäude aus Rathenower Ziegeln wurde im selben Jahr seiner Bestimmung übergeben. Diese Aufnahme entstand 15 Jahre danach.

Der Bahnhofsvorplatz um 1930. Vor dem Bahnhof warten Taxiunternehmer und ein Bus des Fuhrunternehmers Wilhelm Lemme auf ankommende Fahrgäste. Eine Stadtomnibuslinie führte vom Bahnhof zum Markt und zu weiteren Haltestellen.

Geschaffen wurde die Büste Johann Heinrich August Dunckers im Jahr 1885 von Calandrelli. Zuerst stand sie im Garten des Hauses Berliner Straße 5, das seinen Nachfahren gehörte. Am 25. August 1900 wurde die Büste Dunckers auf dem Kirchplatz in der Nähe seines Geburtshauses aufgestellt. Am 18. Mai 1925 wurde sie vor dem „Café Rheingold", gegenüber vom Kreishaus, aufgestellt.

Seinen endgültigen Standort fand das Duncker-Denkmal am 28. November 1930 auf dem Bahnhofsvorplatz. Die Halbkreispergola stifteten später die Busch A.-G. sowie die Firma Nitsche & Günther. Die Aufnahme stammt vom Anfang der 1930er-Jahre, der Bau der Arado-Siedlung und die Neugestaltung des Bahnhofsvorplatzes hatten noch nicht begonnen.

Das Unternehmen Friedrich Richter & Co. A.-G. für Landmaschinen wurde 1875 von Kamern nach Rathenow verlegt. Neben verschiedensten landwirtschaftlichen Maschinen stellte der Betrieb Breitdreschmaschinen für Göpel- und Motorantrieb her, deren besondere Qualität prämiert war.

In der Roonstraße eröffnete Willy Thiele nach seiner Rennfahrerkarriere ab 1922 eine Motorradhandlung, später kamen eine Fahrschule und eine DKW-Niederlassung hinzu, die sich zu einer der größten ihrer Art in Deutschland entwickelte. Die Aufnahme entstand um 1929.

Diese Aufnahme zeigt die „Postenbude 22a". Sie war eine Betriebsstelle an der Lehrter Bahn nahe Neufriedrichsdorf. Das Läutewerk links neben dem Bahnbeamten weist darauf hin, dass die Bude damals zur Sicherung des Bahnbetriebes diente. Die Aufnahme entstand um 1900.

Am Ende des 19. Jahrhunderts erkannte man auch in Rathenow die Notwendigkeit, eine Lungenheilstätte zu errichten. Der Magistrat stellte im Stadtforst Grund und Boden dafür bereit und der Rathenower Lungenheilstättenverein gründete sich. Im Jahr 1900 wurden zunächst zwei Baracken errichtet. 1903 und 1905 entstanden größere Pavillons. 1968 wurde die Anstalt in ein Feierabend- und Pflegeheim umgewandelt.

Das Restaurant „Vogelgesang" in unmittelbarer Nähe zum Wolzensee errichtete 1902 der Märkische Pferdezucht- und Reiterverein. Der Hauptraum war mit Szenen aus dem Reiterleben ausgestaltet. Die Aufnahme entstand 1905.

Im Schützenhaus „Auf der Laune" fanden Konzerte, Feste und Belustigungen für die Bevölkerung statt. Entstanden war „Die Laune" als Vorwerk, das seit 1776 diesen Namen trug. Dort befand sich eine Gastwirtschaft mit Tabagie. Die Schützengilde erwarb Haus und Grundstück 1831. Nun hieß es „Das Schützenhaus". 1908 fand hier die erste kinematographische Vorstellung in Rathenow statt.

Das unter Rathenowern beliebte Ausflugslokal „Wilhelmshöhe" befand sich auf der Ostseite des Weinbergs. Von dessen Westseite aus bot sich eine schöne Aussicht über das Havelland.

Vom Wasserwerk am Ferchesarer Weg gelangte das Wasser in einen auf dem Weinberg hinter dem Bismarckturm aufgestellten Reinwasserbehälter, der einerseits einen gleichmäßigen Druck garantierte und andererseits eine Notfallreserve zur Versorgung der Stadt enthielt.

Der 32 Meter hohe Rathenower Bismarckturm wurde am 24. Juni 1914 feierlich eingeweiht. Auf einem Feldsteinsockel im Inneren stand die etwa vier Meter hohe Bronzefigur Bismarcks, von der Berliner Künstlerin Lilli Wislicenus-Vinzelberg geschaffen.

Am 15. Oktober 1849 wurde das Friedrich-Wilhelms-Hospital für Männer auf Veranlassung des Buchdruckereibesitzers Eduard Haase gegründet. Ursprünglich stand es auf dem Legelerschen Grundstück an der Dunckerstraße. 1879 wurde es in die Heidefeldstraße verlegt. 1883 entstand dort ein Neubau.

In diesem Haus in der Kleinen Milower Straße vor dem Brandenburger Tor wurde Otto von Bismarck 1849 von den 22 Rathenower Wahlmännern in die Zweite Kammer des Preußischen Landtags gewählt. Zweimal weilte Bismarck 1849 in der Stadt: am 2. Februar in der Noseschen Tabagie und am 21. Juni im Bölkeschen Wintergarten an der Kleinen Milower Straße.

Da die Stadt wuchs, wurde ab der zweiten Hälfte des 19. Jahrhunderts auch über die bis dahin geltenden Stadtgrenzen hinaus gebaut. Hier ein Blick in die Große Milower Straße in Richtung Süden um 1900. Vorn links geht es in die Kleine Milower Straße, im Hintergrund links in den Askanierdamm.

Die Städtische Gasanstalt wurde 1893 auf dem Grundstück an der Havel erbaut, nachdem der Vorgängerbau von 1866 angesichts des wachsenden Bedarfs der optischen Branche viel zu klein geworden war. Speziell zum Löten von Brillenfassungen wurde viel Industriegas benötigt. 1922 betrug die Jahresproduktion 2,3 Millionen Kubikmeter.

Das Elektrizitätswerk wurde 1903 errichtet und versorgte ab 1904 die Stadt mit Strom. Das Werk lag am Schleusenkanal auf dem Gelände der ehemaligen Stadtziegelei. Es hatte ursprünglich als Stromerzeuger drei große mit Dynamomaschinen direkt gekuppelte Sauggasmaschinen.

Die Wasserversorgung der Stadt erfolgte durch das im Wald gelegene, 1902 erbaute Wasserwerk am Ferchesarer Weg. Der Standort des Wasserwerkes wurde außerhalb bewohnter Gebiete und bewirtschafteter Äcker gewählt, um so die sehr gute Trinkwasserqualität zu sichern. Kiesiger Sand an den Entnahmestellen, der als natürlicher Filter fungierte, trug zusätzlich dazu bei.

1879 wurde Rathenow Sitz eines königlich-preußischen Amtsgerichts. In der Bahnhofstraße wurde dessen repräsentatives Gebäude aus Rathenower Ziegeln errichtet und 1905 eingeweiht. Es beherbergte neben den Gerichtssälen auch ein Gefängnis. Noch heute dient das Amtsgericht seiner ursprünglichen Bestimmung.

Das Garnisonlazarett in der Schützenstraße 3 wurde 1828 eröffnet. Die Prinzen Wilhelm (1797–1888, der spätere Kaiser Wilhelm I.) und Albrecht (1804–72, sein Bruder) legten den Grundstein dafür. Das Lazarett besaß einen schönen Garten und eine Reitbahn, die bis zum Askanierdamm reichte.

Das erste Krankenhaus der Stadt wurde 1885/86 in der damaligen Elberlingstraße aus Mitteln einer Stiftung Eduard Dunckers erbaut. Noch heute bildet es den Kern des immer wieder erweiterten Krankenhauses.

Im neugotischen Stil aus Rathenower Ziegeln errichtet, wurde die katholische Kirche Sankt Georg am 3. Dezember 1893 eingeweiht. Die Westseite zeigt eine reichlich gegliederte Fassade, die von der viergliedrigen Rosette bestimmt wird. Im Hintergrund links sieht man das neu errichtete städtische Krankenhaus.

Das 1759 erbaute Torhaus bildete den Eingang zum Friedhof der Neustadt. Durch den torbogenartigen Durchgang gelangt man noch heute auf die Ahornallee, an deren Ende man zur Friedhofskapelle (heute Auferstehungskirche) kommt. Der etwa 19 Hektar große Friedhof ist eine terrassenförmige Parkanlage.

Der Friedhof wurde von 1735 bis 1740 im Zuge der Errichtung der Rathenower Neustadt angelegt und später auf dem alten Weinberg und darüber hinaus erweitert. Die Lage am nördlichen Hang bot günstige Bedingungen für eine attraktive gärtnerische Gestaltung. Auf dem Bild sieht man die Grabanlagen der bedeutenden Optikerfamilien Duncker/Busch und Günther vor der Umgestaltung des Bestattungsplatzes.

Das Grabmal von Joachim Christian Blum (1739–1790). Der bekannte Dichter seiner Zeit gründete den ersten Lesezirkel in der Stadt. Nach seinem Tod wurde seine Bibliothek der Rathenower Lateinschule übereignet. Als bei der Erweiterung des Friedhofes eine Treppe gebaut wurde, verlegte man das Grabmal an die heutige Stelle. Die Aufnahme entstand nach 1920. Sie zeigt schon die von Karl Georg Hoffmann gestiftete Erinnerungstafel.

Die Friedhofskapelle auf dem Weinberg errichtete die Rathenower Baufirma Gäding nach Plänen von Curt Steinberg, am 12. November 1917 wurde sie geweiht. Der moderne Bau aus roten Backsteinen verfügte bereits über eine Fußbodenheizung und einen Aufzug. Die achteckige, etwa 14 Meter hohe Spitze der Kirche wurde in den letzten Tagen des Zweiten Weltkrieges zerstört. Das Innere hat man beim Wiederaufbau verändert. 1954 wurde die Kapelle zur Auferstehungskirche geweiht.

Die Optische Anstalt Julius Laack Söhne ging hervor aus der optisch-mechanischen Werkstätte des Optikers Julius Laack. Nach dessen Tod 1904 übernahmen die beiden Söhne Karl und Ernst das Geschäft, bauten dieses weiter aus und ließen die neuesten wissenschaftlichen Erkenntnisse in die Fertigung einfließen. Hier wurden in hochmodernen Fabrikräumen und mit ebensolchen Maschinen hochwertige Linsen und Objektive sowie feinoptische Instrumente gefertigt.

Die Optische Firma Franz Rapsch wurde 1886 gegründet. Hauptproduktionszweig war die Herstellung von Brillenfassungen. Die Gebäude nutzte nach 1958 die Produktionsgenossenschaft des Handwerks (PGH) „Johann Heinrich August Duncker".

Diese Gesamtansicht der Emil Busch A.-G. von 1908 entstand nach einer Lithographie der Firma Dr. Trenkler und Co. aus Leipzig. Um 1900 war Rathenow Zentrum der Optischen Industrie Deutschlands und erhielt den Ehrennamen „Stadt der Optik".

Zwischen 1936 und 1938 ließ die Busch A.-G. an der Berg- und Fabrikenstraße große, moderne Industrieanlagen bauen.

Zwischen der Kleinen Hagen- und der Brauhausstraße ließ Franz Rutschmann nach 1891 diese markanten Fabrikgebäude errichten. Seine modern ausgestattete Brauerei ermöglichte eine Jahresproduktion von 25.000 bis 30.000 Hektolitern. Später wurde die Rathenower Exportbierbrauerei Rutschmann & Co. in die Exportbier herstellende Engelhardt-Brauerei Rathenow GmbH umfirmiert.

In diesem Haus in der Großen Hagenstraße 18 wohnte Herrmann Ventzke bis zu seinem Tod. Der Lehrer kam 1875 nach Rathenow und war hier 45 Jahre lang am Realgymnasium tätig. Als Heimatfotograf porträtierte er Städte, wichtige Persönlichkeiten aus Politik und Geschäftswesen, aber auch die einfache Bevölkerung.

Der Bau der Schule in der Großen Hagenstraße 32 begann im Jahr 1886, bereits 1907 erfolgte die Aufstockung, weil der Platz nicht mehr reichte, 1910 kam eine Turnhalle dazu. Nach dem Bau der Jahn-Schule 1930 wurde in der Hagen-Schule die Berufsschule untergebracht. Teilweise wurde diese beim Luftangriff im April 1944 zerstört. Heute befindet sich dort die Feuerwehr.

Blick von der Fehrbelliner Straße zum Hagenplatz. Noch zu Beginn des 20. Jahrhunderts führte durch den Hagen ein Feldweg, der sogenannte Grüne Weg, der zur Anfuhr und zum Wenden beim Pflügen genutzt wurde. Später wurde der Grüne Weg begradigt, die Kleine Hagenstraße entstand und wurde bebaut.

An der neuen Verkehrsader, dem späteren Friedrich-Ebert-Ring, wurden neben modernen Wohnhäusern auch kommunale Bauprojekte realisiert. Die Volksschule mit Turnhalle und Sportplatz sowie eine Sonderschule entstanden in den Jahren 1925 bis 1930 unter der Regie von Stadtbaurat Johann Friedrich Sprotte. Im Januar 1927 nahm die neu gebaute Pestalozzischule am Friedrich-Ebert-Ring ihren Betrieb auf. Zuvor war die Hilfsschule an mehreren Standorten untergebracht, die schnell zu klein geworden waren.

Die wechselvolle Geschichte der Jahn-Schule beginnt 1930, als sie im Januar als Volksschule eingeweiht wurde. Seit 1935 wurde sie als Mittelschule mit gehobenen Klassen und als Jahn-Schule geführt. Ab 1943 fungierte das Gebäude als Lazarett, bis im Oktober 1945 der Unterricht wieder aufgenommen wurde.

Die Lutherkirche wurde am 28. Mai 1932 geweiht. Fast das gesamte Inventar hatten Gemeindeglieder gestiftet. Vorgängerbauten an dieser Stelle waren das Restaurant „Birkenwäldchen" und danach die optische Fabrik der Firma Rohrlack. Während der beiden Weltkriege diente die Kirche als Lazarett. Am 18. April 1944 fielen Brandbomben auf die Lutherkirche und das sie umgebende Gelände.

1928 erhielt Otto Haesler vom Rathenower Bauverein den Auftrag für ein 600 Wohnungen umfassendes Bauprojekt. 260 Wohnungen mit Loggia und gepflegten Außenanlagen in dreigeschossiger Zeilenbauweise, die exemplarisch für das Neue Bauen stehen, wurden bis 1931 realisiert. Aufnahme von 1936.

Der Inhaber des Apollo-Theaters war Carl (Karl) Winkler. Es war das größte und bekannteste Kino der Stadt und zugleich ein Theater mit einer etwa 400 Quadratmeter großen Bühne und 999 Plätzen im Zuschauerraum. 1924 wurde das Haus zu einer Opern- und Sprechbühne ausgebaut.

Das Apollo-Theater in der Berliner Straße 15. Vor der Zerstörung im Zweiten Weltkrieg spielten drei Filmtheater in Rathenow. Am 18. April 1944 erlebte die Stadt einen schweren Luftangriff. Zahlreiche Bauten wurden zerstört, auch das Apollo-Theater brannte komplett aus.

3

Das Husaren-Regiment „von Zieten“ (Brandenburgisches) Nr. 3

Blick vom Kreishaus über den Kaiser-Wilhelm-Platz zum neuen „Offizierscasino“. In der Platzmitte fand eine Denkmalstatue Kaiser Wilhelms I. Aufstellung, die von Schmuckbeeten umgeben war. Die Aufnahme entstand um 1920.

Die Kasernen des Husaren-Regiments „von Zieten" (Brandenburgisches) Nr. 3. Mit dem Bau der Kasernen in der Bahnhofstraße wurde städtebaulich die Verbindung zwischen der Stadt und dem Bahnhof hergestellt, der bis dahin außerhalb der Stadt gelegen hatte. Damit änderte sich das Stadtbild von Rathenow. Für den Bau der Kasernen wurde Baumaterial von 1886/87 abgerissenen Gebäuden des Magazins genutzt.

Der Bau der Zietenkasernen beanspruchte die größte Bebauungsfläche im Erweiterungsgebiet östlich der barocken Neustadt. Am 19. Januar 1891 gab der Königliche Regierungs-Baumeister Maillard bekannt, dass die Pflasterungs- und Befestigungsarbeiten für die Zietenkasernen im öffentlichen Verfahren ausgeschrieben wurden.

Die Wache. Zwischen 1887 und 1891 wurden die Zietenkasernen in der Bahnhofstraße gebaut. Das Bild zeigt die Wache, die Pflasterarbeiten sind bereits abgeschlossen. Die Aufnahme stammt vom 12. Juli 1904. Nach Abzug des Kavallerieregiments Nr. 3 im Jahr 1937 zog die Polizei-Reitschule in die Kaserne der Zietenhusaren.

Das Zietendenkmal. Es wurde anlässlich des 200. Geburtstages von Hans-Joachim von Zieten auf dem Kaserneninnenhof aufgestellt. Das am 14. Mai 1899 feierlich enthüllte Denkmal schuf der Bildhauer Reinhold Begas. Seit dem Zweiten Weltkrieg gilt es als verschollen.

Das Heinrich-von-Rosenberg-Denkmal. Dieses Denkmal wurde auf dem Zietenplatz vor der Post aufgestellt. Von Rosenberg war von 1875 bis 1883 Kommandeur des Husaren-Regiments „von Zieten" (Brandenburgisches) Nr. 3. Die Grundsteinlegung des Denkmals fand am 14. Mai 1905 statt, die Errichtung folgte am 14. Oktober 1906.

Das neue „Offizierscasino“ für die Zietenhusaren wurde am 16. März 1911 an der Duncker-/Ecke Bahnhofstraße eingeweiht. Das unmittelbar an der Kaserne im Villenstil errichtete Casino wies sehr schön gestaltete Räumlichkeiten auf. Der große Saal, im friderizianischen Stil ausgestaltet sowie reich mit Stuck, Kaiser- und Kommandeursbildern verziert, sorgte stets für Bewunderung seitens der Gäste.

Das Reiterstandbild, von Wilhelm Otto 1923 errichtet, erinnerte an die im Ersten Weltkrieg gefallenen Zietenhusaren. Es stand zuerst im Garten des „Offizierscasinos“ und wurde in den 1930er-Jahren an der Ecke Bahnhof-/Berliner Straße vor dem „Café Rheingold“ aufgestellt.

Wenn die Zietenhusaren hoch zu Ross mit Musikkapelle durch die Stadt zogen, begeisterten sie stets die zuschauende Bevölkerung. Vielleicht waren auch die beiden im Trompeterkorps spielenden Rathenower Brüder Karl und Franz Benkert dabei, als die Aufnahme vor 1914 entstand.

Manöverrast an der Eisenbahnbrücke. Dieses Foto wurde für Freunde und Verwandte zur Erinnerung aufgenommen. Es stammt aus der Zeit nach 1916, als auch die Zietenhusaren bereits feldgraue Uniformen trugen.

Ernst August von Hannover, Herzog von Braunschweig und Lüneburg, diente als Rittmeister der 4. Eskadron 1913 in Rathenow. Er und seine Begleiter tragen hier die Interimsuniform, den sogenannten kleinen Dienstanzug. Der Interims-Attila der Zietenhusaren war dunkelblau.

Das Bild zeigt den Herzog von Braunschweig und Lüneburg Ernst August von Hannover (Mitte) auf dem Kasernenhof in Rathenow. Die Aufnahme entstand wahrscheinlich am 15. Juli 1913, als ihm Oberstleutnant von Baumbach (vorne links) die 4. Eskadron übergab.

Nach 1920 entwarf der Rathenower Künstler Willi H. Lippert Rathenower Notgeldscheine, darunter die Husarenserie, die nach dem Ersten Weltkrieg gedruckt wurden. Die Entwürfe fertigte Lippert in der Größe DIN A4 an.

4

Stadtentwicklung zwischen 1945 und 1989

Blick nach Norden vom Kirchturm über die Steinstraße und auf den Platz der Jugend. Die Aufnahme ist Mitte der 1960er-Jahre entstanden.

Blick über die zerstörte Altstadt zur Kirche. Vom 25. April bis zum 6. Mai 1945 kam es zu heftigen Kampfhandlungen in Rathenow. Über 400 Einwohner starben, die Ost-West-Achse der Stadt wurde fast völlig zerstört, 90 Prozent der Innenstadt lagen in Schutt und Asche.

Blick in die Altstadt bis zur Bauschule. Auch öffentliche Gebäude wurden schwer getroffen. Die Bauschule hat man nach dem Zweiten Weltkrieg nicht wiederaufgebaut.

Die Berliner Straße mit Dresdner Bank. Eines der wenigen Häuser der Berliner Straße, das nur geringe Schäden aufwies, war das Gebäude der Dresdner Bank. Es wurde repariert und nach dem Zweiten Weltkrieg verschiedentlich öffentlich genutzt. Diese Aufnahme ist von 1946.

Die Ruinen der Emil Busch A.-G. Die Produktionsstätten der großen optischen Fabriken, die sich im Zentrum befanden, waren ebenso wie die Wohnbebauung an der Berliner Straße 1945 fast vollständig zerstört worden.

Die Haesler-Bauten am Platz der Jugend im Jahr 1955. 1946 war Otto Haesler nach Rathenow zurückgekehrt. Denn er hatte den Auftrag erhalten, in der kaputten Altstadt am Wiederaufbau mitzuwirken. Bis 1950/51 wurden am Platz der Jugend und an der Baustraße 147 Wohnungen übergeben.

Die Grundsteinlegung für die Altstadtschule in der Baustraße 5 erfolgte am 15. Mai 1970. Ab 1971 trug sie den Namen Polytechnische Oberschule „Erich Weinert“. Nach der Wiedervereinigung hieß sie Realschule Altstadt. Herbert Burschik schuf 1969 die Bronzeskulptur „Turnerin mit Reifen“. Sie ziert noch heute den Platz. 2005 wurde das Schulgebäude abgerissen.

Das Kino „Aktivist" vor dem Haveltor 1, 1969. Ab Anfang der 1950er-Jahre wurde aus dem Bellevue-Lichtspielhaus das Lichtspieltheater „Aktivist". Es war das einzige Filmtheater, das nicht im Krieg zerstört wurde.

Vor dem Haveltor. Diese Aufnahme entstand um 1970. Die Wohnbebauung der 1960er-Jahre dominiert das Bild. Die Torpfeiler des Haveltores wurden 1964 abgetragen, um die Straße zu erweitern, einige Reste der alten Stadtmauer blieben erhalten.

Diese Aufnahme zeigt die Sankt-Marien-Andreas-Kirche im Jahr 1967. Am 27. April 1945 brannte die Kirche, schwer getroffen von Brandgranaten, aus. Der Turm, durch Artilleriebeschuss stark beschädigt, blieb als Ruine stehen. Seit dem 17. September 2001 hat das Wahrzeichen der Stadt eine neue Kirchturmspitze.

Nach 1972 bot sich dem am Stadthafen stehenden Betrachter ein trauriger Anblick. Bis auf den quadratischen Unterbau war der Kirchturm abgetragen worden. Im Vordergrund erkennt man Bauarbeiten an der Stadtschleuse. Hier wurden 1977 die hölzernen durch Stahltore ersetzt.

Blick von der Schleusenbrücke in die Steinstraße. Im Vordergrund links steht das Konsum-Kaufhaus, im Volksmund später Kinderkaufhaus genannt, weil es in einer Abteilung ausschließlich Kinderkonfektion und Babybedarf bereithielt. Die Aufnahme entstand um 1962.

Blick zu Schleusenplatz und -straße in den 1960er-Jahren. Anfangs wurden die Kriegslücken in der Stadt noch mit mehrgeschossigen Mauerwerksbauten geschlossen. Dort, wo ehemals das Neustädtische Rathaus stand, befinden sich jetzt Wohnungen und im Erdgeschoss Einkaufsmöglichkeiten.

Das auf den Ruinen des Kaufhauses Conitzer gebaute HO-Kaufhaus wurde am 17. Mai 1950 um 11 Uhr feierlich eröffnet. Der offizielle Verkauf begann ab 13 Uhr. Das Kaufhaus an der Ecke Berliner/Fehrbelliner Straße wurde nach rund zehn Jahren wegen Baufälligkeit wieder gesprengt. Typisch für diese Zeit ist die Werbung am Giebel: „FRIEDEN EINHEIT – AUFBAU WOHLSTAND“.

Die Hauptkreuzung Berliner/Brandenburger Straße mit Blick zum Kinderkaufhaus. Unter Einbeziehung einiger weniger verbliebener Altbauten wurden in der Berliner Straße zwischen 1956 und 1962 meist viergeschossige Wohnungsbauzeilen mit Handelsflächen im Erdgeschoss geschaffen. Auf dem Plakat links steht: „Wohnungsbauprogramm Rathenow 1957/58“.

Im Stadtzentrum entstand ein bis heute stadtbildprägendes Gebäude: das Kulturhaus. Am 9. Mai 1957 feierten die Rathenower das Richtfest. Die feierliche Eröffnung fand am 7. Oktober 1958 statt. In einer darauffolgenden Festwoche waren alle Rathenower eingeladen, das Haus kennenzulernen. Eine Aufnahme von 1957.

Einkaufsbummel im Mai 1961 mit Blick in die Berliner Straße zur Schleusenbrücke. Links im Vordergrund mündet die Wilhelm-Külz-Straße ein. Bereits zu diesem Zeitpunkt wurde das Eckobjekt als Verkaufsfläche für Bekleidung genutzt, so ist es heute noch.

Blick auf die Hauptkreuzung der belebten Berliner Straße. Gut zu erkennen ist die Nutzung der Erdgeschosse für den Handel. Im Hintergrund sind das Kinderkaufhaus und die Haesler-Bauten am Platz der Jugend zu sehen. Eine Aufnahme aus der Mitte der 1960er-Jahre.

Blick auf die neue Wohnbebauung der Berliner Straße und das Altersheim in der Nummer 12. Das Haus, 1740 als Gertrauden-Hospital errichtet, wurde Anfang der 1940er-Jahre ein Altersheim. Dieses letzte Barockhaus an der Berliner Straße wurde 1974 wegen Baufälligkeit abgerissen, um für weitere Wohnbauten Platz zu schaffen.

Das Kaufhaus Magnet eröffnete 1961. Das Warenhaus mit verschiedenen Abteilungen und Gastronomie im Obergeschoss war zu dieser Zeit das größte seiner Art im Kreis Rathenow. Es hat äußerlich die Wende „überlebt" und fungiert unter dem Namen „City Center". Das „Tanzcafé", rechts zu sehen, war ein beliebter Treffpunkt zu verschiedenen Tanzveranstaltungen. Foto von 1962.

Magnet-Kaufhaus, Wehrkreiskommando und „Milchbar". Letztere war beliebt als Treffpunkt, der viele Eisspezialitäten, Torten, Kuchen und Kaffee anbot. Auch das Interieur entsprach dem Zeitgeist der Sechziger und genoss Kultstatus. 1989 befand sich im Gebäude der Dresdner Bank das Wehrkreiskommando. Das Foto entstand Mitte der 1960er-Jahre.

Der Kindergarten der Rathenower Optischen Werke (ROW) in der Forststraße, jetzt evangelische Kita „Regenbogen". Links und rechts davon ist die neue Wohnbebauung zu sehen, die kurz vor Weihnachten 1956 fertiggestellt wurde.

Blick vom Kulturhaus zur Ecke Goethe-/Forststraße um 1960. Während die Geschäfte im Eckgebäude häufig wechselten, befindet sich die Neustadt-Apotheke noch immer am selben Standort.

Blick um 1960 in den Anfang der Goethestraße, die das Zentrum mit dem nördlichen Stadtteil verbindet. Sie entwickelte sich zu einer beliebten Wohn- und Einkaufsstraße. Viele kleine Einzelhandelsgeschäfte prägen auch heute noch ihr Bild.

Blick vom Dach der Rathenower Optischen Werke (ROW) über das Stadtzentrum mit Kulturhaus, „Tanzcafé" und Kaufhaus Magnet. Rechts im Vordergrund steht noch das Fotogeschäft, das der weiteren Neubebauung Ende der 1980er-Jahre weichen musste. Eine Aufnahme vom Beginn der 1960er-Jahre.

Ein Blick zum Postamt am Ende der 1960er-Jahre. Bei der Neugestaltung des Stadtzentrums wurde darauf geachtet, den öffentlichen Raum zu begrünen und mit Stadtmöblierungen zu gestalten.

Die bronzene Statue „Stehende" des Rathenower Künstlers Willi Horsa Lippert ließ die Stadt Rathenow im Juni 1929 vor dem Krankenhaus aufstellen. Noch heute kann man sie dort bewundern. Das Krankenhaus der Stadt Rathenow wurde mehrfach erweitert. 1954 wurde das Städtische Krankenhaus in „Paracelsus-Krankenhaus" umbenannt. Heute ist es Teil der Havelland-Kliniken. Die Aufnahme stammt aus den 1960er-Jahren.

Blick zum Rat des Kreises auf dem Platz der Freiheit 1. Das Denkmal mit den vier Grabstelen für die Opfer des Faschismus wurde am 8. Mai 1951 eingeweiht. Die Aufnahme zeigt das Mahnmal um 1960.

Blick aus der Heinrich-von-Rosenberg-Straße zum Gericht. Es ist heute eines von sechs Amtsgerichten im Bezirk des Landgerichtes Potsdam. Links ist das „Hotel der Optik" zu sehen. Das 1903 errichtete Haus diente nach 1945 zunächst Wohnzwecken, während die Gaststätte im Erdgeschoss weiter betrieben wurde. 1967 begann eine Sanierung, bei der alle Ornamente der Außenfassade beseitigt wurden. 1971 wurde das Hotel eröffnet. Die Aufnahme zeigt das Haus um 1977.

Blick vom Dach der Neuen Schule über die Bergstraße. Links ist der Kirchturm noch mit dem oberen Geschoss zu sehen. Im Hintergrund erkennt man die bereits fertiggestellte neue Wohnbebauung an der Steinstraße. Die Aufnahme entstand vor 1972.

Als erster Schulneubau Rathenows nach 1945 wurde die Neue Schule am Schulplatz am 1. September 1956 eröffnet. 1972 erhielt sie den Namen Polytechnische Oberschule „Hans Beimler". Seit 1991 heißt sie Grundschule am Weinberg.

Blick aus der Kleinen Hagenstraße zum Hagenplatz, im Hintergrund ist die Kirche der 1908 gegründeten Neuapostolischen Gemeinde zu sehen. Die Aufnahme entstand um 1967.

Grundsteinlegung für diese Häuser in der Große Hagenstraße war 1954. Am 5. Mai 1955 wurde Richtfest gefeiert und im November desselben Jahres konnten die gemauerten mehrgeschossigen Wohnblöcke bezogen werden. Die Aufnahme stammt aus der Mitte der 1960er-Jahre.

Das Duncker-Denkmal aus Bronze, Muschelkalk und Travertin steht seit November 1930 auf dem Bahnhofsvorplatz. Die olympischen Ringe wurden anlässlich der Spiele 1936 in den Boden davor eingelassen. Eine Aufnahme von 1958.

Der Hauptbahnhof gegen Ende der 1960er-Jahre. Links befindet sich der damalige Taxistand, im Hintergrund ist der Wasserturm zu sehen. Da das Empfangsgebäude des Rathenower Hauptbahnhofs 1945 stark zerstört worden war, fand der Fahrkartenverkauf bis zur Wiederherstellung vorübergehend in einer primitiven Holzhütte statt.

In den 1950er-Jahren wurde die dreiflüglige Anlage wieder als Schule hergerichtet und beherbergte die Friedrich-Engels-Oberschule, die Erweiterte Oberschule (EOS) „Karl Marx" und später auch die Bruno-H.-Bürgel-Oberschule. Jetzt ist das geschichtsträchtige Gebäude das Friedrich-Ludwig-Jahn-Gymnasium.

Die EOS „Karl Marx" in der Schleusenstraße. Bis 1963 befand sich hier die Stadtverwaltung; die EOS war noch im Gebäude der Friedrich-Engels-Oberschule zu Gast. Ab September 1964 war die Schleusenstraße dann Standort der EOS. Nach der Wende wurde hier das Gymnasium „Johann Heinrich August Duncker" etabliert. Jetzt befindet sich die gleichnamige Oberschule dort.

Das Hauptgebäude der Rathenower Optischen Werke (ROW) in den frühen 1950er-Jahren. Das ehemalige Verwaltungsgebäude der Firma Nitsche & Günther war am Ende des Zweiten Weltkrieges stark zerstört worden und musste in kurzer Zeit wieder funktionstüchtig gemacht werden. An der Giebelseite erkennt man typische Werbung aus der Anfangszeit der DDR.

Direkt neben dem Hauptwerk der ROW an der Berliner Straße wurde das Gebäude „Null60" für eine moderne Brillenglasfertigung errichtet. In nur elfmonatiger Bauzeit wurde es fertiggestellt. Montagestart war am 30. August 1973.

Blick vom Dach des Magnet-Kaufhauses zu den ROW und der Kreuzung Berliner/Goethe-/Puschkinstraße. Der Imbiss an der Ecke war bei den Rathenowern sehr beliebt. Am kleinen Kiosk gegenüber gab es Tageszeitungen und Magazine. Die Aufnahme entstand Mitte der 1970er-Jahre.

Ab dem 1. Januar 1980 gab es nur noch einen Optischen Betrieb in Rathenow, den Volkseigenen Betrieb (VEB) Rathenower Optische Werke „Hermann Duncker" als Betrieb des Kombinates VEB Carl Zeiss Jena. Die Aufnahme zeigt das Hauptwerk der ROW nach der Renovierung.

Die Freilichtbühne in den Kaffeebergen, in den 1950er-Jahren in freiwilligen Aufbaustunden errichtet, war mit 2.000 Plätzen ausgestattet. Sie musste der Bebauung von Rathenow-Ost weichen. Die Kaffeeberge wurden planiert. Im September 1969 erfolgte die Grundsteinlegung für das Wohngebiet.

Schulbauten in Rathenow-Ost im Doppel-T-Stil. Zunächst zog die POS „Bruno-H. Bürgel" in diesen neuen Stadtteil. In den frühen 1970er-Jahren erfolgte die Neugründung der Dr.-Salvador-Allende-Schule. Die große, moderne Sporthalle, die beide Schulen gemeinsam nutzten, entstand kurz darauf auf der Freifläche hinter dem Jägerzaun.

Auf der Grundlage eines Bebauungsplanes vom Anfang der 1960er-Jahre wurden ab 1969 bis 1976/77 im neuen Wohngebiet Rathenow-Ost 2.120 Wohnungen in meist fünfgeschossigen Plattenbauten errichtet. Mit diesem Stadtteil entstand ein sogenanntes sozialistisches Wohngebiet mit kompletter Infrastruktur. Am 7. Oktober 1974 fand die Übergabe der HO-Kaufhalle statt.

Am 1. Mai 1975 eröffnete die Schwimmhalle in Rathenow-Ost. Obwohl Baumaterialien knapp waren und streng kontingentiert wurden, konnte die Schwimmhalle fertiggestellt werden. Der 1977 errichtete Märchen-Brunnen des Künstlers Volker Roth befindet sich heute am Feierabendheim an der Forststraße.

Das Dach des ehemaligen Beamtenwohnhauses auf der Magazininsel links neben den Kleinen Archen wurde zu Beginn der 1980er-Jahre noch einmal neu eingedeckt. Inzwischen ist es dem Verfall preisgegeben. Die Aufnahme stammt vom Anfang der 1970er-Jahre.

Am 1. März 1948 wurde Neufriedrichsdorf auf Beschluss des Stadtrates als 17. Stadtbezirk zu Rathenow eingemeindet. Die ehemalige Dorfstraße wurde in Neufriedrichsdorfer Straße umbenannt, um die Erinnerung an die Vergangenheit zu wahren. Das Foto wurde um das Jahr 1982 aufgenommen.

Der Wolzensee war und ist ein beliebtes Ausflugsziel der Rathenower. Nach dem Krieg war das Strandbad nahezu zerstört. Die ROW übernahmen die Renovierung, sodass das Bad am 1. Mai 1953 wiedereröffnen konnte. 1962 wurde die Wasserrutsche gebaut. Viele Rathenower Kinder lernten hier schwimmen. Auch Sportunterricht und Sommerferienspiele fanden hier statt. Die Aufnahme entstand um 1980.

Dieses Foto von 1975 zeigt die Rathenower Hauptschleuse mit der Friedensbrücke, fertiggestellt 1953, im Hintergrund. Am 20. Juni 1950 wurde die bis dahin eigenständige Gemeinde Neue Schleuse im Zuge der Verwaltungsreform Teil des Rathenower Stadtgebietes und erhielt den offiziellen Namen Rathenow-West.

Die Rekonstruktion der Fahrbahn am Friedrich-Ebert-Ring dauerte zwei Jahre. In Blickrichtung zum Stadtzentrum sind drei Wohnbebauungen zu sehen: links die Haesler-Bauten, rechts die Häuser aus den Anfängen der 1930er-Jahre und im Hintergrund rechts das Schwesternwohnheim des Kreiskrankenhauses Rathenow, errichtet 1962/63. Die Aufnahme entstand um 1987.

1980 wurde für den Standort an der Forststraße am Fontanepark ein modernes Feierabendheim für Senioren mit 250 Betten geplant. Im Februar 1982 konnte es eingeweiht werden. Diese Aufnahme wurde drei Jahre später gemacht.

Am 4. Oktober 1984 wurde am Stadthof der Grundstein für dieses moderne Produktionsgebäude der ROW für die Rezeptglasfertigung gelegt. Der Gesamtkomplex wurde in kürzester Zeit fertiggestellt und am 2. Januar 1986 übergeben.

Das Bauschild für das große Investvorhaben „Plastlinsenfertigung" der ROW. Am Hasenweg startete noch im Frühjahr 1990 eine moderne Kunststofflinsenherstellung. Von 1992 bis 2013 befand sich an diesem Standort der Sitz der Essilor GmbH.

Den wachsenden Einwohnerzahlen trug man mit dem schnellen Errichten neuer Wohnungen Rechnung. Das Bild zeigt die Situation Brandenburger/Ecke Bergstraße ca. Mitte der 1980er-Jahre.

Zentrumsumbau zu Beginn des Jahres 1987. Mit der städtebaulichen Verdichtung entlang der Berliner, Goethe- und Forststraße durch Wohnbauten begann 1987 der letzte Abschnitt der zentrumsnahen Entwicklung Rathenows bis 1989. Die Aufnahme zeigt den Blick vom Kulturhaus zum Hauptwerk der ROW im Jahr 1988.

Blick von der Berliner zur Forststraße. Die Errichtung der fünfgeschossigen Wohnzeile an der Berliner Straße ist bereits abgeschlossen, die Eckbebauung ebenfalls und in der Goethestraße ist das Erdgeschoss fertiggestellt. Hier stehen schon die Großtafeln zur Montage der nächsten Geschosse bereit.

Bis 1989 wurde in Rathenow das Zentrum mit hohem Aufwand neu gestaltet. Im Gegensatz zu den schlichten Plattenbauten aus der ersten Zeit des Wiederaufbaus bekamen die modernen fünfgeschossigen Wohngebäude plastischen Fassadenschmuck. In den Erdgeschossen zogen Geschäfte und eine Galerie ein.

Dieser Blick aus der Forst- zur Goethestraße wurde kurz vor der Fertigstellung des neuen Wohnquartiers im Zentrum fotografisch festgehalten.

Im Zuge des Zentrumsumbaus wurde auch der Platz vor dem Kulturhaus, nun Märkischer Platz, neu gestaltet. Entwickelt und gebaut in den Rathenower Optischen Werken, war diese Digitaluhr ein Geschenk an die Stadt. Am 1. Mai 1988 aufgestellt, zeigte sie bis Mitte der 1990er-Jahre mehr oder minder verlässlich die Zeit an.

Der „Abtragejunge", eine Hommage an die schwere Arbeit von Jungen in den Ziegeleien rund um Rathenow, ist eine Bronzeskulptur des Rathenower Künstlers Karl Mertens. Zum Zeitpunkt der Aufnahme im Jahr 1988 steht sie auf dem Platz vor der Post. Ihren neuen Standort hat sie nun in der dortigen Kreisverkehrsmitte gefunden.

Baumpflanzung auf dem neu gestalteten Platz im Jahr 1989. Der Springbrunnen, ein stets beliebter Treffpunkt vor dem Kulturhaus, musste der Neugestaltung weichen. Seit 1989 zieren in goldenen Lettern die Worte Johannes R. Bechers „Wir erhoben uns, Gestalt zu sein" das Eingangsportal des Kulturhauses. Das Haus steht seit 1995 unter Denkmalschutz.

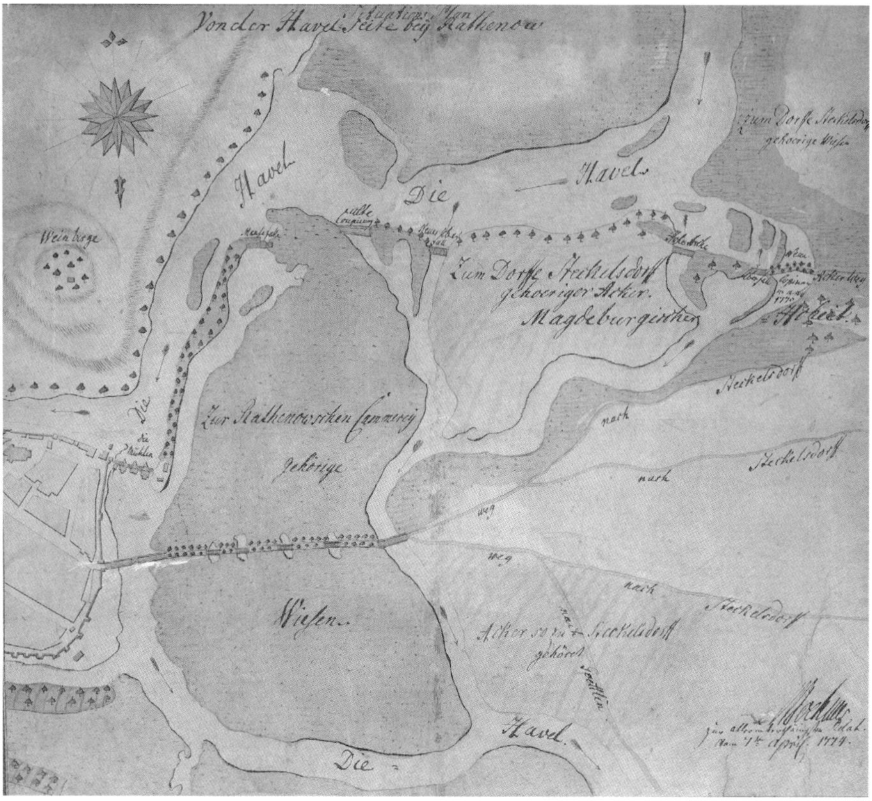

Situations Plan Von der Havelseite bey Rathenow, 1774.

Bildnachweis

Alle nicht näher bezeichneten Abbildungen entstammen dem Archiv des Kulturzentrums Rathenow/Optik Industrie Museum Rathenow.
Interessenten am veröffentlichten Bildmaterial wenden sich bitte an die E-Mail-Adresse: presse@kulturzentrum-rathenow.de

Dank

Wir danken Kerstin Frenkel und Wolfram Bleis für die freundliche Unterstützung.

Literaturhinweise

Hermann Günther: *Bilder aus Alt-Rathenow*, Rathenow 1934
Bettina Götze: *Rathenow in alten Ansichten*, Zaltbommel 1997
Bettina Götze: *Rathenow wie es früher war*, Gudensberg-Gleichen 1992
Sebastian Kinder, Haik Thomas Porada (Hrsg.): *Das Havelland um Rathenow und Premnitz*, Köln, Weimar, Wien 2017
Rathenower Heimatkalender ab 1957
Archiv Kulturzentrum Rathenow/Optik Industrie Museum

Hans-Georg Kohnke
Brandenburg an der Havel
Einst und Jetzt

978-3-95400-868-1
20,00 €

Hans-Georg Kohnke,
Wolfgang Kusior, Bruno Wernitz
Brandenburg
Ein Fotoalbum

978-3-89702-717-6
19,99 €

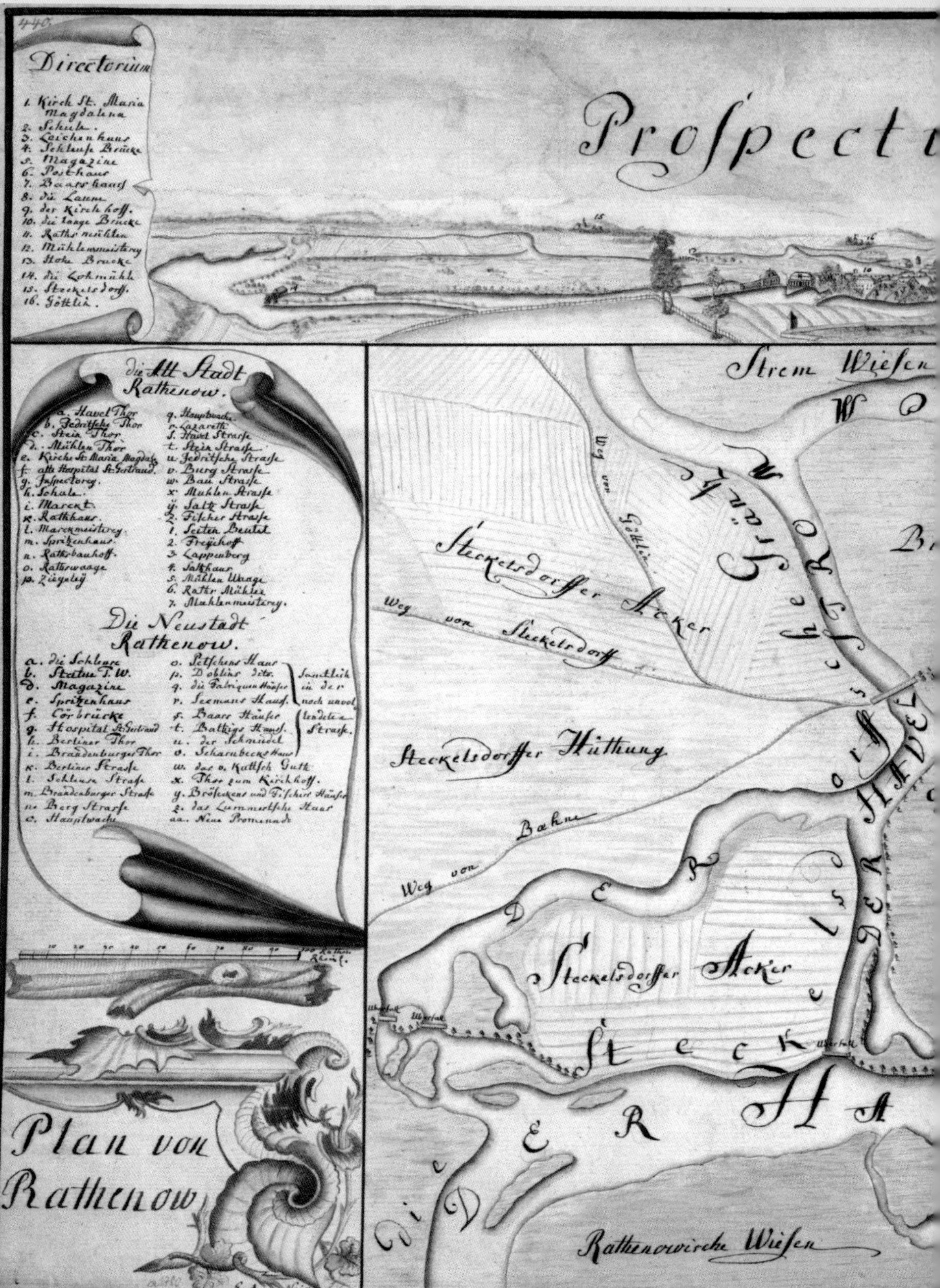
440
Directorium
1. Kirch St. Maria Magdalena
2. Schule.
3. Leichenhaus
4. Schleuse Brücke
5. Magazine
6. Posthaus
7. Baars hauss
8. die Laene
9. der Kirchhoff.
10. die lange Brücke
11. Raths mühlen
12. Mühlenmeisterey
13. Hohe Brücke
14. die Lohmühle
15. Steckelsdorff.
16. Göttlin.
Prospect
die Alt Stadt Rathenow.
a. Havel Thor
b. Jedritsche Thor
c. Stein Thor
d. Mühlen Thor
e. Kirche St. Maria Magdal.
f. alte Hospital St. Gertraud.
g. Inspectorey.
h. Schule.
i. Marckt.
k. Rathhaus.
l. Marckmeisterey.
m. Spritzenhaus.
n. Rathsbauhoff.
o. Rathswaage
p. Ziegeley
q. Hauptwache
r. Lazareth
s. Havel Strasse
t. Stein Strasse
u. Jedritsche Strasse
v. Burg Strasse
w. Bau Strasse
x. Mühlen Strasse
y. Saltz Strasse
z. Fischer Strasse
1. Seiten Beutel
2. Freyhoff
3. Lappenberg
4. Saltzhaus
5. Mühlen Waage
6. Raths Mühlen
7. Mühlenmeisterey.
Die Neustadt Rathenow.
a. die Schleuse
b. Statue F. W.
d. Magazine
e. Spritzenhaus
f. Cörbrücke
g. Hospital St. Gertraud
h. Berliner Thor
i. Brandenburger Thor
k. Berliner Strasse
l. Schleuse Strasse
m. Brandenburger Strasse
n. Berg Strasse
c. Hauptwache
o. Petschens Haus
p. Doblins dito.
q. die Fabriquen Häuser
r. Seemans Hauss.
s. Baars Häuser
t. Battigs Hauss.
u. der Schmiedel
v. Scharnbecks Haus
sämtlich in der noch unvollendeten Strasse.
w. das v. Kattsch Gutt
x. Thor zum Kirchhoff.
y. Bröseckens und Fischers Häuser
z. das Lummertsche Haus
aa. Neue Promenade
Plan von Rathenow
Strem Wiesen
Weg von Göttlin
Steckelsdorffer Acker
Weg von Steckelsdorff
Steckelsdorffer Hüthung
Weg von Bahne
Steckelsdorffer Acker
Grosche Graben
Steckelsdorf
Die Havel
Rathenowische Wiesen